AF198864

Horst Gunkel

Buddhas Sohn Rahula
und andere Geschichten aus dem Palikanon

Gelnhäuser buddhistische Erzählungen, Band I

Das Buch

Der Palikanon enthält die ältesten buddhistischen Geschichten. Wir erleben hier den historischen Buddha Shakyamuni und seine häufig unkonventionellen, immer aber hilfreichen Reden und Handlungen. Die Geschichten sind allerdings nicht in der altertümlichen und häufig ermüdenden Fassung des Palikanon wiedergegeben, sondern in einer modernen und erfrischenden, teilweise auch humorvollen Sprache.

Kursiv und fett gedruckte Begriffe sind in einem Glossar am Ende des Buches erklärt.

Der Autor

Horst Gunkel, Jahrgang 1951, arbeitete 40 Jahre als Lehrer an einem beruflichen Schulzentrum. Er engagierte sich in zahlreichen Vereinen und Bürgerinitiativen zum Schutz des Lebens in all seinen Formen. Von 1981 bis 1995 war er in zahlreichen Gremien und zwei Regional-parlamenten aktiv. Von 1987 bis 2000 leitete er außerdem das ÖkoBüro Hanau. Anfang der 90er Jahre begegnete er dem Buddhismus und erkannte schnell, dass ein Engagement hierin (noch) wichtiger sei als sein bisheriges politisches Wirken. Er legte alle politischen Ämter nieder und setzte sich im Netzwerk Engagierter Buddhisten für ökologische, pazifistische und soziale Projekte ein. 1996 kam er zur Buddhistische Gemeinschaft Triratna (damals: Freunde des Westlichen Buddhistischen Ordens), für die er zunächst in Frankfurt/M. eine Meditationsgruppe aufbaute, dann die Buddhistische Gemeinschaft Gelnhausen. Hier begann er Geschichten aus dem Palikanon nachzuerzählen. Einige davon fanden Eingang in dieses Buch.

Weitere Geschichten von Horst Gunkel finden sich unter
http://www.gelnhausen-meditation.de

Horst Gunkel erzählt

Buddhas Sohn Rahula

und andere buddhistische Geschichten aus dem Palikanon

Bibliografische Information der Deutschen Nationalbibliothek: Die Deutsche Nationalbibliothek verzeichnet diese Publikation in der Deutschen Nationalbibliografie; detaillierte bibliografische Daten sind im Internet über dnb.dnb.de abrufbar.

Originalausgabe 2020
© 2020 by Horst Gunkel

Bei Layout und Korrekturen wurde der Autor unterstützt von Tatjana Ingold und Sraddhabandhu.

Herstellung und Verlag: BoD – Books on Demand, Norderstedt

ISBN: 978-3-7504-0010-8

Inhaltsverzeichnis

Buddhas Sohn Rahula

eine Geschichte aus dem Pali-Kanon
nacherzählt von Horst Gunkel

Als Prinz Siddharta, der spätere Buddha, im Alter von etwa 28 Jahren in die Hauslosigkeit ging, ließ er seine Frau und sein Baby, ein Kind mit Namen *Rahula*, zurück. Sieben Jahre später, nach seiner Erleuchtung, kehrte der Buddha als Bettelmönch erstmals wieder in seine Heimatstadt *Kapilavattu*, die Hauptstadt des Kleinstaates *Shakya*, zurück. Zunächst waren die Bewohner, insbesondere die Oberschicht, ihm gegenüber sehr reserviert, hatte er sich doch außerhalb der etablierten Gesellschaft gestellt. Andererseits gab es viele *Sadhus*, viele der heiligen Männer Indiens, die durch die Gegend zogen, ihre Almosenspeise erbettelten und den Menschen ihre philosophischen Erkenntnisse vortrugen. Diese Sadhus waren nicht nur respektiert, sondern teilweise sehr hoch angesehen, je nachdem, wie die Bevölkerung ihre philosophischen Erkenntnisse einschätze. So erhielt auch der Buddha seine Almosenspeise und auch ihm lauschten die Menschen.

Er beeindruckte die meisten Bewohner von Kapilavattu weit mehr als irgendein anderer Sadhu, denn er überzeugte durch die Klarheit seiner Lehre, die eine tiefgründige Weisheit ausstrahlte, ebenso wie durch die Wärme und die Güte, die er mit jeder Handlung, mit jedem Wort, mit jeder Geste ausdrückte. Schon bald baten Leute, als seine Laienanhängerinnen und Laien-anhänger akzeptiert zu werden. Das sind Personen, die sich zwar nicht in die Hauslosigkeit begeben, also nicht Besitz und Familie hinter sich lassen, aber den Buddha als ihren spirituellen Lehrer ansahen. Wir würden heute sagen, sie bekannten sich zum „Buddhismus". (Das Wort „Buddhismus" ist eine westliche Erfindung des 19. Jahrhunderts.) Einzelne Männer aus gutem Hause entschlossen sich sogar bereits, dem Buddha zu folgen und als Mönche ordiniert zu werden.

Als die Nachricht, dass der ehemalige Prinz *Siddharta* als Bettelmönch in der Stadt sei, den Palast erreichte, war König *Suddhodana* (eigentlich war er kein König, sondern als *Raja* ein auf Lebenszeit gewählter Staatschef) außer sich. Sein einziger Sohn ein Bettler – in

Lumpen gekleidet! Einst hatte er gehofft, aus Siddharta den nächsten Raja von Shakya zu machen - und jetzt das!

Suddhodana war einerseits entrüstet, andererseits aber auch ein liebender Vater. So eilte er sofort aus dem Palast auf die Straße, um seinen Sohn zu suchen. Als die Menschen sahen, dass ihr Raja ziemlich aufgelöst und in Hauskleidung die Straße entlang lief, wollten sie ihm helfen, denn sie wussten sehr genau, was den Vater umtrieb. Wenn er in eilendem Schritt ratlos an den Leuten vorbeieilte, wiesen diese mit dem Finger in eine Richtung, in die Richtung, wo der Buddha zuletzt gesehen worden war. Und der Raja folgte diesen Fingerzeigen.

Am Stadtrand endlich sah der Vater einen Bettelmönch, der mit gefüllter Almosenschale gerade die Stadt verließ. Dieser Mönch, den er nur von hinten sehen konnte, strahlte mit jedem Schritt, mit jeder Bewegung eine Würde aus, die nur wenige Könige hatten – kein Zweifel, das war sein Sohn Siddharta. Aber gleich-zeitig entstand in Suddhodana auch Wut – Wut über den Aufzug, in dem er seinen Sohn sah: barfüßig auf der steinigen Straße, in einer groben Flachsrobe, bedeckt vom Staub der Landstraße.

„Siddharta," rief er, „mein Sohn, warum läufst du wie ein Bettler herum? Du kannst in den Palast kommen und speisen, wie es deiner würdig ist, und dich kleiden, wie es sich für einen Prinzen gebührt. Kehre zurück! Du hast doch gefunden, was du gesucht hast, man sagt du habest die höchste Erleuchtung erreicht. Jetzt komme zurück und übernimm einen Teil der Staatsgeschäfte, wie es sich für einen Mann deiner edlen Abstammung und mit deinen großen Fähigkeiten gebührt!"

Der Buddha hatte sich umgewandt als er seinen früheren Namen gehört hatte. Er blickte seinen Erzeuger mit gütigem aber festen Blick an. Alt geworden war Suddhodana in den wenigen Jahren, und er schien tatsächlich zu glauben, ein Buddha würde in einen Palast zurückkehren und Staatsgeschäfte erledigen können, als gäbe es nicht ungleich Wichtigeres zu tun!

„Seid gegrüßet, König Suddhodana", antwortete der Buddha, „es freut mich, euch bei guter Gesundheit zu sehen. In der Tat gehören große spirituelle Fähigkeiten dazu, zum vollkommenen Erwachen zu kommen; über meine edle Abstammung aber gehen unsere Ansichten deutlich auseinander. Ihr scheint dies auf die körperliche Abstammung zu beziehen. Ich aber habe eine weitaus höhere Abstammung geistiger Natur. Ich teile den Geist aller Buddhas vergangener Zeiten. Ich bin in ihre Nachfolge eingetreten, dies ist meine EDLE Abstammung. So wie ihr königlicher Abstammung seid, Suddhodana, und daher redet und handelt, wie es ich für einen Raja gebührt, so bin ich in spiritueller Abstammung früherer Buddhas, so rede und handle ich wie ein Buddha. Ein König herrscht, befiehlt und führt Krieg. Ein Buddha hingegen meditiert, lehrt und führt die Menschen zum Frieden! - Der Friede sei mit Euch, König Suddhodana."

Dann setzte der Buddha seinen weg fort, um in Ruhe seine Almosenspeise verzehren zu können. König Suddhodana aber ging nachdenklich zurück in seinen Palast.

Dort hatte auch **Yasodara**, die ehemalige Ehefrau Siddhartas, von der Anwesenheit des Buddha gehört. Sie war früher davon ausgegangen, dass auch ihr Mann, wie sein Vater, vom großen Rat zum König auf Lebenszeit gewählt würde, denn er hatte die Fähigkeiten dazu und als Sohn des Rajas einen bedeutenden - wenn nicht uneinholbaren - Vorteil gegenüber möglichen Konkurrenten. Nach Siddhartas Verschwinden musste sie sich daran gewöhnen, nicht die erhoffte Rolle zu spielen. Ihr ermangelte es zwar materiell an nichts, denn sie lebte im Luxus des Palastes, aber der erhoffte Ruhm, die ganz große Reputation als First Lady von Shakya, blieb ihr versagt.

Allmählich hatte sie sich mit dieser Realität abgefunden. Sie liebäugelte inzwischen mit einer anderen Rolle, der Ersatztraumrolle für dieses Leben, der Rolle der Königinmutter. Wenn Siddharta schon nicht Raja von Shakya werden würde, dann sollte dies ihr Sohn Rahula werden. Rahula war jetzt sieben Jahre alt. Das war das späteste Alter, ab dem ein Kind, das einmal die Herrscherfunktion ausüben sollte, auf seine künftigen Aufgaben vorbereitet werden konnte. Allerdings hatte Suddhodana bislang noch kein größeres Interesse daran gezeigt, Rahula eine entsprechende Bildung angedeihen zu lassen. Noch ein oder zwei Jahre, dann würde das auch den anderen Familien der Oberschicht von Shakya aufgefallen sein, und das würde bedeuten, dass dann das Gerangel um die Nachfolge Suddhodanas einsetzen würde. Wenn sich Suddhodana hingegen rasch entschließen könne, Rahula zum künftigen Raja aufzubauen, dann wäre dessen Erfolg bei der Wahl nur eine Formsache – und ganz nebenbei Yasodaras Rolle als Königinmutter gesichert.

Das waren die Überlegungen, die Yasodara beschäftigten, als sie hörte, Prinz Siddharta sei in der Stadt. Ob sie dieses Ereignis wohl nutzen konnte, um ihren Plänen den nötigen Schub zu geben? Ob es wohl möglich wäre, Suddhodana jetzt dazu zu bringen, Rahula zu protegieren? Schließlich war Rahula Suddhodanas leiblicher Enkel! Wenn es ihr gelänge, dass der Buddha zu seinen Gunsten intervenierte... Er war schließlich Rahulas Vater und hatte die verdammte Pflicht und Schuldigkeit, sich um seinen Sohn zu kümmern, wenigstens dieses eine entscheidende Mal! Und wie Suddhodana auf ihn hören würde! Er war nicht nur der von Suddhodana geliebte hochintelligente Sohn, er war jetzt auch der Buddha, einer der größten Weisheitslehrer ganz Indiens! Wenn der sich für Rahula einsetzte!

Sie war sich ihrer Sache jetzt ganz sicher. Es würde so kommen müssen. Sie müsste nur den Buddha dazu veranlassen, denn der schien ja inzwischen so weltfremd zu sein, dass er von allein nicht auf diese nächstliegende Idee käme! Aber dass sie zum Buddha ginge, um für ihren Sohn zu bitten? Zu dem Mann, der sie bei Nacht und Nebel verlassen hatte? Unmöglich! Dazu war ihr Stolz denn doch zu groß.

Aber irgendwie musste sie es einfädeln. Nur wie?

Halt! Wäre es nicht das Beste, Rahula selbst zu seinem Vater zu senden? Klar doch, der Bitte seines eigenen Sohnes würde sich auch der Buddha nicht verschließen können! Der einzige Nachteil dieses Planes lag darin, wie man einem siebenjährigen Knaben dazu veranlassen könnte, dies dem Buddha mitzuteilen. Derart komplexe Gedankengänge konnte man dem Kind nicht beibringen, schon gar nicht, es dazu veranlassen, sie einem Dritten gegenüber auch noch argumentativ vertreten zu können. Also musste es eine einfache Botschaft sein, die Rahula seinem Vater überbringen muss. Ein einziger Satz, den der Kleine lernen und gegenüber dem Buddha notfalls oft genug wiederholen müsste. Ein Satz, der den Buddha die richtigen Schlüsse ziehen ließ. Man konnte über ihren Ex-Mann ja alles Mögliche sagen, aber nicht dass es ihm an Intelligenz mangele. Vergnügt klatschte Yasodara in die Hände. Jetzt wusste sie, was sie tun musste. „Rahula", rief sie, „Rahula, komm doch einmal her."

∗∗∗

Am nächsten Tag war der Buddha wieder auf Almosengang in Kapilavattu. Kaum dass er mit seiner Almosenrunde begonnen hatte, folgte ihm ein etwa siebenjähriger Knirps. „Gib mir mein Erbteil, Mönch." Der Buddha kümmerte sich nicht sonderlich darum, was Kinder ihm auf der Straße nachriefen, er war voll und ganz mit seinem Almosengang beschäftigt, immer einmal liefen ihm Straßenkinder nach und riefen irgend etwas. Wenn man sie nicht weiter zur Kenntnis nahm, wurde ihnen das bald zu langweilig und sie suchten sich ein anderes Spiel.

Dieser Kleine aber war hartnäckig. „Gib mir mein Erbteil, Mönch", sagte er, und als der Buddha nicht reagierte, zog er ihn an seiner Robe und schrie: „Gib mir mein Erbteil, Mönch! Gib mir mein Erbteil, Mönch!"

Dem Buddha kam ein unheimlicher Gedanke. Er drehte sich herum und sah den penetranten Bengel an. Das war kein Straßenkind! Dieser Junge hatte noble Kleidung an, und diese Worte waren auch kein Spiel. Dem Jungen standen Tränen in den Augen. Zweifelsohne wusste er zwar nicht, was er da sagte, aber irgend jemand musste ihm eingebläut haben, diesen Satz so lange zu wiederholen, bis der unbekannte Mönch sich um ihn kümmerte.

„Heißt", fragte der Buddha, „heißt du vielleicht Rahula?"

„Ja," sagte der Knabe, sichtlich erleichtert, dass sich der fremde Mönch endlich seiner annahm, „ich heiße Rahula und meine Mama hat gesagt, du sollst mir endlich mein Erbteil herausgeben."

„Weißt du denn, was das ist, ein Erbteil?"

„Nein, aber wenn es mir gehört, musst du es mir geben, alles andere wäre gemein!"

„Weißt du, Rahula, ich bin dein Vater. Normalerweise geben die Väter ihren Söhnen von dem ab, was sie haben. Das ist ihr Erbteil. Ich habe wenig Besitz. Diese Schale hier, um mein Essen zu erbetteln, diese Robe hier, das ist alles. Mein einziger wirklich großer Besitz ist meine Weisheit und meine Güte. Aber ich habe keine „Sachen". Im Palast hast du viele schöne Sachen, gute Kleidung, leckeres Essen und Leute, die mit dir spielen. Das ist der Erbteil, den dir dein Großvater und deine Mutter geben können. Bei mir gibt es keine Spielkameraden, nur solches Essen wie in dieser Schale hier und solch raue Kleidung wie diese Robe hier. Aber bei mir kann man etwas lernen, was man im Palast nicht lernen kann: Weisheit, Güte und Mitgefühl. Das ist der

Erbteil, den ich dir geben kann. Wenn du das möchtest, kannst du mit mir kommen, das ist das Schönste, was ich dir geben kann, aber es ist nicht sehr lustig."

„Wenn dein Erbteil Weisheit, Güte und Mitgefühl ist, dann will ich eben das haben!"

„Weißt, du Rahula, du kannst es ja einfach erst einmal ein paar Tage ausprobieren, vielleicht gefällt es dir ja gar nicht. Du kannst zum Beispiel nicht in einem Haus oder einem Bett schlafen, sondern im Wald unter den Bäumen."

„Wie die Räuber?"

„Ja, Rahula, wie die Räuber - und die Heiligen."

„Da komme ich mit."

Der Buddha hatte sich mit seinem Sohn so unterhalten, wie es für den Jungen angemessen war. Aber obwohl diese Begegnung auch für den Buddha ein bewegender Moment war, hatte er sich doch aufmerksam umgeschaut, wo die zu erwartende absolut unverdächtige Person stand.

Bei Rahulas letztem Satz merkte die gut gekleidete Frau, die unentwegt an ihrer Einkauftasche herumhantiert hatte, auf und eilte von hinnen. Der Buddha lächelte - in wenigen Minuten würde es einige Aufregung im Palast geben.

„Er hat ihn mitgenommen! Der Buddha hat ihn mitgenommen!" die Frau war vom Rennen zwar erschöpft, rief aber den Satz so laut sie konnte, als sie den Palast betrat.

„Wie? Hat ihn mitgenommen?"

„Na, Rahula hat gesagt, was er sagen sollte, dann haben sie geredet, und dann wollte Rahula leben wie ein Räuber und ist mit dem Buddha mitgegangen."

Die Zofen bemühten sich mit Riechsalz darum, Yasodaras Ohnmacht zu vertreiben, während sich König Suddhodana von der Spionin wörtlich wiederholen ließ, was die beiden geredet hatten.

Mit einem kräftigen Ausdruck des Missfallens – den ich hier nicht wiederholen möchte – und einem wütenden Blick zu der wieder erwachten Yasodara verließ Suddhodana den Palast.

„Jetzt geht er wirklich zu weit! Erst verschwindet er bei Nacht und Nebel, dann läuft er zum Gespött der Leute in Bettelkleidung durch die Hauptstadt, danach überredet er edle junge Männer aus gutem Haus mit ihm zu ziehen, und jetzt fängt er auch noch an, Kinder zu entführen!" Der König war außer sich. Wütend verließ er schnellen Schrittes die Stadt. Er hatte nicht einmal ein Pferd anschirren lassen. Er musste die Sache mit Rahula jetzt selbst erledigen – da hat es keine Zeit darauf zu warten, dass das königliche Ross bereit ist. Dort, am Waldrand, sah er die Mönche. Unter ihnen der Buddha und sein Enkel. Rahula schien die Attraktion des Tages für die Mönchsgemeinde zu sein. Alle waren in angeregter Unterhaltung.

„Das geht nicht!" ereiferte sich Suddhodana, „Das dulde ich nicht, der Junge kommt augenblicklich wieder hierher und mit mir in den Palast!" Rahula griff nach der Hand des Buddha und nahm hinter diesem Deckung – so wütend hatte er den Großvater noch nie gesehen, und offensichtlich war er die Ursache. Dabei hatte er doch nur gemacht, was er sollte: sein Erbteil abgeholt.

„Es ist absolut unmöglich, dass du den Eltern ihre Kinder wegnimmst, du gibst Rahula sofort heraus, sonst ..." er sah in die ablehnenden Gesichter der Mönche, die eindeutig in der Überzahl waren – die sind doch hoffentlich alle so friedfertig wie es heißt – „... sonst sehe ich mich gezwungen, mit meinen Soldaten wiederzukommen, um meinen Enkel in den Palast zu seiner Mutter zurückbringen zu lassen."

„König Suddhodana, ich weiß sehr wohl, dass alle Staatsgewalt in Shakya in Eurer Hand liegt. Aber seid Ihr nicht auch der Oberste Gerichtsherr des Landes? Ich kann mich sehr gut erinnern, wie ich unter Eurer Anweisung in den Rechtswissenschaften ausgebildet wurde. Ihr habt zweifelsohne Recht, dass es nicht angeht, dass die in die Hauslosigkeit gezogenen Mönche minderjährige Kinder gegen den Willen ihrer Eltern als Novizen aufnehmen – und dies ist ab sofort auch eine Regel in meiner Mönchssangha, aber, erlaubt mir eine Frage: Wer hat in Shakya, wie überall in Indien, das *Aufenthaltsbestimmungsrecht* für ein Kind?"

„Das ... das hat der Vater," antwortete der König betreten.

„Dann sind wir uns ja einig," sprach der Buddha und wandte sich von seinem Vater ab.

***

Rahula zog mit den Mönchen umher. Der Buddha brachte ihm mit sehr viel Einfühlungsvermögen all das bei, was in Ethik, Meditation und Weisheit zu erlernen und einzuüben war. Allerdings kümmerte sich der Buddha nicht ausschließlich um seinen Sohn, denn er war schließlich der Weisheitslehrer aller Menschen, und selbst die Götter sollen immer wieder gekommen sein, um sich von ihm belehren zu lassen.

Um noch einen kleinen Eindruck von der Erziehung zu bekommen, die Rahula zuteil wurde, belauschen wir ein Lehrgespräche des Buddha, vier Jahre nachdem Rahula in die Sangha aufgenommen war, der Knabe war also damals elf, sein Vater etwa vierzig Jahre alt.

Der Buddha und Rahula sitzen an einem Wildbach in den Ausläufern des Himalaya. Rahula hat eine Wasserkelle, mit der er Trinkwasser schöpft und immer wieder einmal spielt.

Der Buddha lässt sich die Kelle geben.

„Weißt du Rahula, mit diesem Wasser in der Kelle ist es wie mit der Wahrheit?"

„Wie mit er Wahrheit???"

Der Buddha nimmt ein wenig Wasser in die Kelle. „Siehst du das bisschen Wasser in der Kelle, Rahula?"

„Ja, Herr."

„Weißt du, wenn jemand nicht vorsichtig beim Reden ist, nicht richtig vorsichtig, um immer bei der Wahrheit zu bleiben, dann ist nur so wenig Gutes in ihm wie in dieser Kelle Wasser."

Dann schüttet der Buddha das Wasser mit einer heftigen Bewegung aus und fragt den Knaben, ob er gesehen habe, was er da eben gemacht habe.

„Ja, Herr."

„Und wenn sich die Leute nicht bemühen, immer die Wahrheit zu sagen, dann schütten sie das Gute in sich gerade so aus, wie ich eben das Wasser." Dann stülpte der Buddha die Kelle um. „Und wenn sich die Leute nicht um die Wahrheit bemühen, dann behandeln sie das Gute so wie diese Kelle: es kann nicht rein."

Der Buddha drehte die Kelle wieder richtig herum. „Siehst du, das sie jetzt ganz leer ist?"

„Ja, Herr."

„So leer von jedem Guten ist das Herz derer, die sich nicht um die Wahrheit bemühen. – Sag mal, Rahula, ihr hattet doch große, starke Kriegselefanten in *Kapilavattu*?"

„Ja, Herr, mächtig große und ungeheuer starke."

„Stell dir den königlichen Kriegselefanten vor. Stell dir vor, er wird in einer Schlacht eingesetzt, er kämpft dort, indem er seinen Kopf einsetzt und seine Stoßzähne, seinen mächtigen Körper und seine Beine. Macht der alles richtig, oder hat man ihm vergessen etwas beizubringen, ist da noch etwas, das er einsetzen müsste?"

„Klar, Herr, der hat ja seinen Rüssel überhaupt nicht eingesetzt! Ein Elefant hat einen ganz starken, muskulösen Rüssel, den hat er überhaupt nicht eingesetzt!"

„Prima, Rahula, so ist es, man ist nur dann richtig einsatzfähig, wenn man all seinen Kräfte und Fähigkeiten, die man hat, voll und ganz einsetzt. Genauso muss man auch all seine Kräfte einsetzen, niemals zu lügen, auch nicht zum Scherz. – Ach sag einmal, hattet ihr eigentlich auch Spiegel in eurem Palast?"

„Ja, Herr, natürlich waren da Spiegel."

„Ja, wozu denn das?"

„Na, damit man sich sehen kann, damit man sieht, ob man sich richtig schön angezogen und frisiert hat."

„Ja, Rahula, es ist ganz wichtig sich selbst zu beobachten, aber man kann sich auch ohne einen Spiegel beobachten!"

„Wie denn das?"

„Nun, das Wichtigste, wenn man sich betrachtet, ist nicht, ob man sich richtig schön angezogen hat und ob man richtig frisiert ist, das Wichtigste ist vielmehr, dass man alle seine Handlungen beobachtet:

Handlungen mit dem Körper, Handlungen mit der Sprache und Handlungen im Geiste. Die muss man beobachten."

Auf diese Weise unterrichtete der Buddha Rahula.

Rahula erreichte so die volle Erleuchtung bereits mit einundzwanzig Jahren. Das war gut so, denn er starb noch in relativ jungen Jahren, lange vor seinem Vater.

Der Mann mit dem Giftpfeil
eine Geschichte aus dem Palikanon

nacherzählt von Horst Gunkel

Die Weisheit des Buddha war weithin bekannt, und wo auch immer der Erhabene auftauchte, versammelten sich die Menschen, um seiner Rede zu lauschen. Natürlich wollten auch viele Leute den Buddha persönlich sprechen. Damit der Erhabene jedoch nicht mit allen Nichtigkeiten oder mit *small talk* belästigt wurde, mussten die an einem Gespräch mit ihm Interessierten einen Termin mit **Ananda**, der unter anderen die Tätigkeit eines Sekretärs des Buddha ausführte, ausmachen. Auf diese Art war einigermaßen gewährleistet, dass der Buddha nur mit den Leuten sprach, die ein wichtiges Anliegen hatten. Natürlich musste Ananda bei der Terminvergabe auch Kompromisse eingehen, denn es wäre äußerst unhöflich, ja geradezu ungeschickt gewesen, einen einflussreichen **Brahmanen** oder einen reichen Kaufmann, der die Sangha materiell unterstützte, als Gesprächspartner abzulehnen.

So beantwortete der Buddha geduldig die meisten Fragen, schließlich wollte er den Menschen helfen, einem jeden auf dem ihm oder ihr angemessenen Niveau. Einige Fragen aber ließ er offen, er antwortete einfach nicht darauf. Eine dieser Fragen war die nach dem Ursprung aller Dinge, dem ersten Anstoß des Weltenlaufs vor unendlich langer Zeit; letztendlich stand dahinter die Frage: gibt es einen Schöpfer?

Wieder einmal war ein einflussreicher Brahmane beim Buddha, aber dieser Brahmane fing es schlauer an als seine Vorgänger.

"Herr **Gotama**", sagte der Brahmane, "da gibt es Weise, die lehren, am Anfang sei Brahma, der Schöpfer der Welt, aufgetreten und habe Himmel und Erde erschaffen. Da gibt es andere Weise, Herr Gotama, die sagen, es habe keinen Schöpfer gegeben, Himmel und Erde seien ohne Anfang und Ende schon immer existent gewesen. Und noch andere Gelehrte treten da auf, die sagen, Himmel und Erde seien nicht am Anfang dagewesen, sie seien erst entstanden, allerdings ohne Ursache. Mir ist zu Ohren gekommen, dass Euch, Herr Gotama, wissbegierige Brahmanen fragten, ob es eine letztendliche Ursache, einen Schöpfer, gäbe oder nicht. Ihr aber, Herr Gotama, hättet darauf nicht geantwortet, Ihr hättet geschwiegen. Daher frage ich Euch, Herr Gotama, was ist wohl der Grund Eures Schweigens auf diese, die Menschen bewegende Frage?"

"Mein lieber Brahmane, ich antworte grundsätzlich nur auf hilfreiche Fragen, diese Frage aber ist nicht hilfreich."

"Aber sagt, Herr Gotama, warum ist diese Frage nicht hilfreich?"

"Die Frage ist so wenig hilfreich wie die Frage des vom Giftpfeil getroffenen Mannes."

"Das verstehe ich nicht, Herr Gotama, würdet Ihr mir wohl erzählen, was es mit der Frage des vom Giftpfeil getroffenen Mannes auf sich hat?"

"Wohlan denn, Brahmane, so will ich euch die Geschichte des vom Giftpfeil getroffenen Mannes erzählen! Es begab sich, dass ein König mit einer großen Schar von Kriegern unterwegs war, um einen Krieg zu führen. Beim König war auch ein Wundarzt zur Versorgung der Verwundeten. Mitunter war nämlich rasche Hilfe nötig, denn in diesem Krieg wurden vergiftete Pfeile eingesetzt."

"Was weiter, Herr Gotama?"

"Plötzlich, keiner wusste, woher der Schuss kam, fiel ein wackerer Krieger, der zusammen mit seinem Freunde beim Auskundschaften des Geländes war, von einem Giftpfeil getroffen zu Boden. Der Freund war bestürzt, und er wollte sofort zurückreiten, um den Wundarzt zu holen. Der Verletzte aber rief: ´Halt mein Freund, zunächst müssen wir die Ursache ergründen. Woher wurde der Pfeil abgeschossen? Aus einem Hinterhalt oder von einem Baum? War der Schütze zu Fuß oder zu Pferde oder ritt er gar auf einem mächtigen Elefanten? Und alsdann lasse uns herausfinden, welcher Kaste der Schütze angehörte. War es ein Krieger, war es ein Kaufmann oder war es ein Brahmane? Oder hat womöglich gar ein Unberührbarer den Pfeil abgeschossen, und keiner von euch darf den Pfeil dann berühren! Alsdann lasset uns untersuchen, was ist das für ein Pfeil? Ist er aus Esche, Buche, der harten Eiche oder gar aus dem wohlriechenden Sandelholz? Und die Feder am Pfeilende, von welchem Vogel stammt sie wohl? Vom Sperber, von einer Taube, einer Amsel oder vom possierlichen Eichelhäher? Und dann müssen wir die Frage ergründen, wie war der Bogen wohl beschaffen, der solches Geschoss schleuderte, war er einfach, doppelt oder dreifach gekrümmt? Und welche Sehne war es, die den Bogen zierte und dem Pfeil so kraftvoll Schwung verlieh? War sie vom Hirsch, von der Kuh, vom Büffel oder etwa nur von einer Ziege?` Glaubt ihr, Brahmane, es sei klug von dem vom Giftpfeile getroffenen Mann, so zu fragen?"

"Sicher nicht, Herr Gotama, denn bevor alle diese Fragen mit einiger Sicherheit beantwortet werden können, ist dieser Mann gestorben, denn nur kurz ist die Zeit, die ihm zur Rettung bleibt. Alle Kräfte müssen auf eine rasche Versorgung seiner Wunde gelegt werden, diese törichten Fragen jedoch halten genau davon ab!"

"Richtig, edler Brahmane, sehr richtig. Ebenso ist es mit dem Leben der Menschen. Es ist nur von kurzer Dauer, aber es bietet die Chance, die ernste Krankheit der Menschen zu heilen, das Gift von Gier, Hass und Verblendung zu entfernen und die Wunden, die Gier, Hass und Verblendung verursacht haben, zu versorgen. Alle anderen Fragen lösen zu wollen, über welche sich Weise seit Jahrtausenden den Kopf zerbrachen, ohne je zu einer befriedigenden - das heißt verifizierbaren - Antwort gekommen zu sein, ist verfehlt. Bevor hier eine gesicherte Antwort gefunden ist, ist der Frager mit Sicherheit schon tot."

"Wunderbar, Herr Gotama, trefflich, Herr Gotama, ist diese Antwort. Es ist gerade so, als wenn etwas, das auf dem Kopf gestanden hat, auf die Füße gestellt worden wäre, oder ob man Licht in das Dunkel brächte. Gar trefflich ist diese Antwort. Ich bitte den Erhabenen, mich noch heute als seinen Laienanhänger zu akzeptieren."

Schweigend stimmte der Buddha zu.

Kisagotamis Baby
eine Geschichte aus dem Palikanon
nacherzählt von Horst Gunkel

Zur Zeit, da der Buddha in Nordindien lebte, gab es in einer Familie, die den gleichen Familiennamen wie der Buddha hatte – *Gotama* -, ein Mädchen, das spindeldürr war, daher nannten die Leute sie Kisagotami, „die Dürre der Gotamas". Nun war damals "schlank" keineswegs das Schönheitsideal, denn schlanke Mädchen galten als krankheitsanfällig und als kaum in der Lage Kinder aufzuziehen, wenn sie einst verheiratet waren. Man kann sagen, dass das Wort „Kisagotami" eher ein Schimpfwort als ein Spitzname war. Und so wurde das arme Mädchen häufig von anderen Kindern mit ihrem körperlichen Mangel aufgezogen.

Auch als das Mädchen in die Pubertät kam, änderte sich ihr Körperbau nicht wesentlich. Sie hatte kleine Brüste und schmale Hüften, also ein sehr enges Becken, das kaum als tauglich angesehen werden konnte, ein Kind zu gebären. Nach damaliger Ansicht war sie ganz einfach hässlich. So nimmt es nicht Wunder, dass kein junger Mann sich für sie zu interessieren begann und – was damals noch viel wichtiger war – die Eltern keines jungen Mannes hielten sie für heiratsfähig oder ehewürdig.

Kisagotami hatte inzwischen schon das zwanzigste Lebensjahr erreicht, war mithin ein spätes Mädchen. Sie war auf dem besten Wege, eine alte Jungfer zu werden. Ihre Eltern sahen mit Unbehagen, dass diese Tochter ihnen wohl weiter auf der Tasche liegen würde, anstelle einen angesehenen Kaufmann oder Handwerker zu heiraten, der später sie, die altgewordenen Eltern, versorgen konnte. Allerdings hatten Kisagotamis Eltern noch mehrere andere Kinder. Aber während ihre jüngeren Schwestern schon jungen Männern aus gutem Hause versprochen waren, hielt niemand „die Dürre der Gotamas" für eine wirkliche Frau. Kisagotami spürte die missbilligenden Blicke der Eltern, hörte das kichernde Getuschel ihrer kleinen Schwestern, sah wie ihre Brüder mit schönen rundlichen Jungfrauen vermählt wurden - und natürlich sehnte sie sich selbst auch nach einem lieben, zärtlichen Mann und nach Mutterfreuden. Immer trauriger und verbitterter wurde Kisagotami. Sie erfuhr kaum Mitleid, wusste doch jeder **Hindu**, dass sie sich in einem vergangenen Leben sehr schlechtes **Karma** gemacht haben musste und daher jetzt ihr Leben lang dafür zu büßen hatte.

Um so verwunderlicher war es, dass, als sie bereits Mitte zwanzig war, ein angesehener Kaufmann, ein Witwer, um ihre Hand anhielt. Er war bereits vierzig Jahre alt und hatte schon große Kinder, aber er wollte noch einmal heiraten. Zwar war Kisagotami alles andere als eine Schönheit, aber sie war - verglichen mit ihm - jung und sie war ein rechtschaffenes, unbescholtenes Mädchen aus gutem Hause. So schien sich alles zum Besten zu wenden. Ihre Eltern waren froh, das späte Mädchen doch noch unter die Haube gebracht zu haben, ihren kleinen Schwestern hatte es erst einmal die Sprache verschlagen, und der angesehene Kaufmann versprach Reputation für Kisagotami.

Aber schon bei der Hochzeitsfeier verspürte Kisagotami wieder diese abschätzenden Blicke der Hochzeitsgäste, wenn sie die Braut musterten. Sie fühlte ihre Gedanken, als sie ihre Blicke auf ihren kleinen Brüsten spürte: „Die hat doch nie genug Milch, um Kinder satt zu kriegen." Und wenn die Blicke der Gäste dann an ihrem Körper herunterwanderten und auf den Hüften verweilten, hörte sie sie förmlich denken: „Beim dem engen Becken wird es nie zu einer natürlichen Geburt kommen können, sicher werden Mutter und Kind die Niederkunft nicht überleben", und natürlich hatte auch sie Angst vor dieser sehr realen Zukunftsaussicht.

Und auch diejenigen Hochzeitsgäste, die ihre Augen nur kurz über die Erscheinung der Braut wandern ließen, dachten: „So dürr wie die ist, wird die nächste Grippeepidemie sie hinwegraffen. Gut, dass sie dann keine Kinder hat, die wieder ohne Mutter dastehen." All´ diese Gedanken der Gäste konnte Kisagotami erkennen, und sie sah darin nichts anderes als ihre eigenen Zukunftsängste bestätigt. So kam es, dass die späte Hochzeit dennoch für Kisagotami kein besonders freudvolles Ereignis war. Sie stand die Feierlichkeiten tapfer durch und sagte sich, sie würde ihre neue Familie durch besondere Hingabe erfreuen.

Leider zeigte sich bald, dass auch hier die Dinge nicht gut für Kisagotami liefen, denn die Töchter ihres Mannes aus erster Ehe standen schon kurz vor dem heiratsfähigen Alter und man konnte ihre jungen kräftigen und angenehm rundlichen Körper erblühen sehen, jedes der Mädels viel schöner als ihre Stiefmutter. Und es wiederholte sich, was sie schon in ihrer früheren Familie erlebt hatte: das kichernde Gelächter, wenn die Mädchen sie ansahen und dann miteinander tuschelten. Doch hier war es noch schlimmer. Hatten ihre eigenen Schwestern sich nur hinter ihrem Rücken über sie belustigt, so hatten diese Mädchen überhaupt keinen Respekt und sagten ihrer ungeliebten Stiefmutter offen ihre Meinung ins Gesicht. Häufig zog sich Kisagotami in eine Ecke oder in den Wald zurück, um bitterlich zu weinen. Sie flehte die Götter an, sie zu erlösen, sie hätte die Sünden eines vergangenen Lebens lang genug abgebüßt. Sie wünschte sich nur eines dringend: eine Schwangerschaft, denn entweder würde diese ihrer miserablen Existenz eine Ende setzen, oder, was unwahrscheinlicher wäre, würde sie durch ein Kind Respekt von anderen ebenso bekommen, wie ein kleines Wesen, das seine Mutter – sie, die Kisagotami! – liebt.

Wenn sie ganz vermessen war, wünschte sie sich sogar einen Knaben, denn ihr Mann hatte aus erster Ehe nur Mädchen, also keinen Stammhalter. Die Geburt eines Stammhalters aber würde alle die verstummen lassen, die sich bislang über sie belustigten.

Leider schienen sich die Götter jedoch weder um ihre Gebete noch um die Opfergaben, die sie ihnen darbrachte, zu scheren. So wurde das Leben Kisagotamis immer trauriger, manchmal dachte sie kurz an Selbstmord, aber nur ganz kurz, denn sie wusste, dass dies nur neues schlechtes Karma bedeuten würde; vielleicht war gerade ein Suizid in einem früheren Leben der Grund, dass sie als Frau in dieses Leben geboren war, schlimmer, als abgrundhässliche Frau!

Die Jahre vergingen und Kisagotami war noch immer nicht schwanger. Ihr Leben war nicht leichter geworden und auch ihr Ehemann war längst nicht mehr so zuversichtlich. Mitunter spürte sie seinen missmutigen Blick auf ihr, und sie erriet seine Gedanken: „Da habe ich dieses hässliche Geschöpf geheiratet, weil sie jung war und mir einen Stammhalter gebären würde, aber sie scheint obendrein noch unfruchtbar zu sein." Aber da er ein gutes Herz hatte, verstieß ihr Ehemann sie nicht. Vorerst nicht, wie sich Kisagotami realistischerweise sagte.

Eines Tages jedoch veränderte sich etwas im Leben der Kisagotami. Erst hatte sie – halb hoffnungsvoll, halb erschrocken – festgestellt, dass ihre Regel ausgeblieben war, dann bemerkte sie, dass ihre bis dahin so winzigen Brüste voller wurden, außerdem entwickelte sie einen ungewöhnlichen Appetit. Bald konnte es keinen Zweifel mehr geben: sie, die Dürre aus dem Hause der Gotamas, war schwanger! Die vorwurfsvollen Blicke ihres Gatten waren ebenso verschwunden, wie die hämischen Blicke der Nachbarinnen. Es bemächtigte sich ihrer ein eigentümliches Gefühl: auf der einen Seite eine Genugtuung über die plötzliche Anerkennung, auf der anderen Seite Angst vor der bevorstehenden Geburt, denn zwar waren ihre Brüste deutlich voller geworden, ihr Bauch angenehm rundlich, aber ihr Becken war noch immer knabenhaft schmal.

Ihre Sorgen erwiesen sich als unbegründet: die Geburt vollzog sich völlig normal und mehr noch: sie gebar einen kräftigen Knaben, einen Stammhalter! Plötzlich war alles anders: sie war nun nicht mehr das hässlichen Entlein, sondern die Frau, die den Fortbestand der Kaufmannsfamilie sicherte. Nicht nur bei den Nachbarinnen war sie jetzt völlig akzeptiert, auch die Töchter aus der ersten Ehe ihres Mannes mussten sich den Gepflogenheiten anpassen: plötzlich war Kisagotami die Nummer zwei im Hause, gleich nach ihrem Ehemann, und wenn dieser in Geschäften unterwegs war, konnte sie den anderen im Hause Anweisungen geben: aus dem *Aschenputtel* war eine Prinzessin geworden.

Das Glück hielt ein halbes Jahr. Dann wurde das Kind krank, sehr krank. Und da war sie wieder, die Sorge. Zufällig hörte sie Wortfetzen des Gespräches zweier Nachbarinnen: „war ja zu erwarten ... bei dem Körper ... nicht genug Nährstoffe in der Milch ... musste ja so kommen ... keine entrinnt ihrem Schicksal .. das Karma ... unabänderlich für das ganze Leben ... sicher nur noch ein paar Tage."

Kisagotami war verzweifelt und sie tat, was sie konnte für ihr Baby, sie ging zum Arzt und ließ sich Medizin für das Kind verabreichen, sie ging zur Kräuterfrau, sie ging zu den Brahmanen, damit diese die heiligen Rituale der *Hindus* vornahmen, um die Götter zu besänftigen. Alles vergebens. Am sechsten Tage der Krankheit verstarb das Kind. Aber Kisagotami verdrängte das Ereignis, sie konnte, wollte, durfte nicht wahrnehmen, was geschehen war, und so rannte sie mit dem Bündel, das die Leiche ihres Babys enthielt, von Haus zu Haus, um die

Menschen zu fragen, ob sie nicht eine Medizin für ihr krankes Kind hätte.

Die Menschen reagierten unterschiedlich, manche waren hilflos ob der abstrusen Situation und schlugen ihr die Tür vor der Nase zu oder drehten sich wortlos um, andere bedauerten nicht helfen zu können oder schickten sie zu einem anderen Haus, nur möglichst weit weg, manche sprachen es auch offen aus: „Die ist ja verrückt, die spinnt doch, das musste ja so kommen. Die verrückte Dürre aus dem Haus der Gotamas."

Immer verzweifelter rannte Kisagotami von Haus zu Haus und fand schließlich eine Frau, die Mitleid mit ihr hatte. Diese sagte: „Ich glaube nicht, dass dir jemand helfen kann. Aber ich weiß, dass vor dem Nachbardorf der Buddha mit seinen Mönchen ist. Wenn dir einer helfen kann, dann nur der Buddha." „Danke!" rief Kisagotami und rannte so schnell sie konnte in die angegebene Richtung.

Schon von weitem erkannte sie die Schar der Mönche, die gerade dabei waren, ihre Almosenspeise zu verzehren. „Wer von euch ist der Buddha? Mein Kind ist krank und braucht seine Hilfe!" fragte Kisagotami, als sie bei den ersten Mönchen ankam.

Ein junger Mönch wollte sich das Kind ansehen – er erschrak als er die weit offenen Augen des Kindes sah, an dessen Kopf sich bereits die Fliegen tummelten, die auch in den kleinen Mund liefen, und er musste sich abwenden wegen des strengen süßlichen Geruches, der von der kleinen Leiche ausging. Ein anderer Mönch, bleich geworden, zeigte wortlos auf den Buddha.

Dieser hatte aus der Ferne die Szene beobachtet, er sah den wirren Blick der dünnen Frau, das leblose Bündel und dann das hoffnungsfrohe Aufflackern in ihren Augen, als sie auf ihn zuging. Er erfasste sofort die Lage. „Bist du der Buddha? Kannst du meinem Baby helfen?"

„Ich kann dir helfen", antwortete der Buddha seelenruhig – zum großen Erstaunen aller Umstehenden. „Wir brauchen eine wundertätige Medizin, die ich zubereiten werde. Ich habe fast alle Zutaten da, du musst mir nur noch eines besorgen, ein Senfkorn, Gotami", sagte der Buddha. Die Frau konnte ihr Glück kaum fassen: nur noch ein Senfkorn trennte sie von der Lösung aller Probleme.

Senfkörner, so muss man wissen, waren damals in Indien eines der Standardgewürze, die in jedem Haushalt zu finden waren. Kisagotami wollte sofort loslaufen: „Ich hole es", rief sie freudig.

„Ach ja", sagte der Buddha, „aber achte darauf, dass es aus einem Haus ist, in dem noch niemand gestorben ist, sonst funktioniert es nicht." - „Alles klar", rief Kisagotami, als sie mit dem leblosen Bündel im Arm losrannte, „ein Senfkorn aus einem Haus, in dem noch niemand gestorben ist."

Hurtig war sie im Dorf und klopfte an der ersten Tür. „Entschuldigen Sie, liebe Frau, ich brauche ein Senfkorn, könnten sie mir wohl eines geben, es ist für eine Medizin."

„Sicher", sagte die Hausfrau, „sie können so viel Senfsaat haben, wie sie wollen."

„Danke, ein Senfkorn reicht mir."

„Hier, nehmen Sie zur Sicherheit fünf Stück."

„Danke liebe Frau", sagte Kisagotami freudig und wollte sich schon zum Gehen wenden, da fiel ihr noch die Nebenbedingung ein, die der Buddha genannt hatte:

„Ach, gute Frau, sagt mir, ist in diesem Hause wohl schon jemand gestorben."

„Ja sicher, mein Großvater, vor einem halben Jahr, erinnern sie mich nur nicht daran."

Wortlos wandte sich Kisagotami um und ging zum nächsten Haus. Auch hier gab man ihr gerne Senfsaat, allerdings hatte die Frau schon drei ihrer eigenen Kinder verloren, sagte sie, und bittere Tränen rannen über ihr Gesicht.

Kisagotami ging zitternd zum nächsten Haus: „Ist hier schon jemand gestorben?"

„Welche Frage, gute Frau, der Toten sind es mehr als der Lebenden."

So ging Kisagotami von Haus zu Haus. Senfsaat zu bekommen war kein Problem. Doch die Realität des Todes war überall zu Hause.

***

Am Abend saßen der Buddha und seine Mönche noch immer vor dem Ort. Der Buddha hatte gerade seine Meditation beendet und die Mönche erwarteten nun eine Lehrrede von ihm. Da kam Kisagotami. Diesmal rannte sie nicht. Sie ging langsamen, gemessenen Schrittes. Ihre Augen waren verweint, aber ihr Blick war nicht mehr wirr wie noch am Mittag. Sie trug das Bündel nicht mehr. Der Buddha sah sie an, wartete, dass sie sprach. „Ich hab´ es begraben", sagte sie, und ergänzte dann: „Das Senfkorn hat gewirkt."

Dann herrschte Schweigen.

Jeder wusste, dass die arme Frau die Hölle erwartete, wenn sie zurück ging zu ihrer Familie, sie war jetzt nicht nur die hässliche, sondern auch die verrückte Gotami. Am besten wusste sie das natürlich selbst. Der Buddha sah die Frau ruhig an, er wartete.

Und dann schließlich sagte sie selbst den erlösenden Satz: *„Erhabener, du hast mich durch ein Senfkorn gelehrt, bitte lehre mich weiter. Ich bitte um die Aufnahme in deinen Orden als Nonne."*

Sie wurde sofort ordiniert und lebte danach mit andern Nonnen in einem Wald. Einige Jahre später erreichte sie die vollkommene Erleuchtung.

Mit einem Lächeln dachte die heilige Gotami an die absurde Situation zurück, als sie dem Buddha das erste Mal begegnete. „Bist du der Buddha? Kannst du meinem Baby helfen?" hatte sie den heiligen Mann damals gefragt – und was hatte er damals geantwortet?

„Ich kann **dir** helfen", antwortete der Buddha damals ruhig – wie recht er doch hatte.

Baden im Ganges
eine Geschichte aus dem Palikanon

nacherzählt von Horst Gunkel

Der *Hinduismus*, diese traditionelle indische Religion, unterscheidet sich sehr deutlich vom Buddhismus, denn der Buddha emanzipierte sich klar von dieser größtenteils auf Ritualen basierenden alten indischen Religion. Im Hinduismus - im Brahmanismus - hatte die Kaste der Brahmanen das Monopol, die in den *Veden* überlieferten Rituale (gegen Bezahlung) auszuführen. Von der richtigen Ausführung dieser Rituale aber hängt nach hinduistischer Sicht das Karma ab. Nach dem Glauben der Hindus bestimmt dieses Karma unsere *Wiedergeburt* und damit die *Kaste* und das Geschlecht, das dann für das ganze neue Leben gilt. In eine andere Kaste kann man nur durch Wiedergeburt gelangen, und genau dafür muss man Rituale von *Brahmanen* in ganz bestimmter Weise und mit ganz bestimmten Worten und Bewegungen vollziehen lassen.

Der Buddha lehnte diese *deterministische* Weltsicht ab, indem er dem Begriff Karma eine ganz neue Bedeutung gab. Im Buddhismus ist *Karma* jede mit Absicht ausgeführte Handlung. Diese wird Folgen haben, Folgen für unsere Umwelt, aber auch Folgen für uns selbst, letztere sind karmische Folgen. Die karmische Wirkung ist von der Absicht geprägt, in der die Handlung ausgeführt wurde. Als Handlung in diesem Sinne gelten Taten, aber auch Worte und sogar Gedanken. Die Wirkung kann kurz- oder langfristig eintreten, langfristig kann dabei auch bedeuten, dass sie sich erst in einem späteren Leben zeigt. Das tragende Prinzip war also im Hinduismus das kommerzialisierte Ritual, im Buddhismus hingegen Ethik.

Häufig kamen Menschen zum Buddha Gotama, die zwischen diesen beiden Karma-Begriffen im Zweifel waren, um sich Rat zu holen, so auch der Haushälter in dieser Geschichte:

"Sagt an, Herr Gotama, die Brahmanen sagen, gut sei es, segensreich sei es, sich im Flusse Ganges zu baden. Gute *Wiedergeburt*, bessere Wiedergeburt verspräche es, sich im Flusse Ganges zu baden. Was nun sagt Ihr, Herr Gotama, ist es gut im Flusse Ganges zu baden, verspricht es gute Wiedergeburt, im Flusse Ganges zu baden, sich im Flusse Ganges zu reinigen?"

"Ausgezeichnet ist es, Haushälter, sich zu baden, ausgezeichnet ist es, sich zu reinigen. Das Baden in sauberem Wasser ist gut, um den Körper zu reinigen. Aber auch der Geist muss gereinigt werden, auch der Geist muss gebadet werden. Den Geist aber reinigt man, den Geist badet man nicht mit Wasser, sondern mit der reinigenden Wirkung tiefer Meditation und mit der säubernden Wirkung ethischen Verhaltens. Darum eben, Haushälter, solltet ihr täglich euren Körper mit Wasser reinigen und eben darum solltet ihr täglich euren Geist mit guten Taten und Meditation reinigen."

"Danke, Herr Gotama, danke! Trefflich sind diese Worte. Wohl verstehe ich, dass es gut ist, nicht nur den Körper, sondern auch den Geist zu reinigen. Aber, um noch einmal auf die Sache mit dem Ganges zuückzukommen, wäre es dann nicht am besten, sich täglich mit Wasser zu waschen, seinen Geist täglich mit guten Taten und Meditation zu reinigen und zusätzlich einmal im Jahr im Ganges zu baden, wie es die **Brahmanen** empfehlen?"

Der Buddha sah, dass der Haushälter wohl bereit war, die reinigende Wirkung ethischen Verhaltens und von Meditation zu akzeptieren, dass er aber unterschwellig noch immer dem hinduistischen Irrglauben anhing, ein rituelles Bad im schmutzigen Ganges könne seine Zukunft beeinflussen. Dieser Mann unterlag der Fessel des Hängens an überkommenen Regeln und Riten um ihrer selbst willen. Daher beschloss der Buddha deutlicher zu werden.

"Haushälter, warum fragt ihr gerade mich?"

"Nun, Herr **Gotama**, man sagt, Ihr seid ein Erleuchteter, man sagt, Ihr seid ein Vollkommener, einer der **Nirwana** erreicht hat, der mit dem höchsten Wissen gesegnet ist."

"Haushälter, das habt ihr über mich gehört. Habt ihr gleiches schon einmal von einem Fisch gehört?"

"Natürlich nicht, Herr Gotama!"

"Ah, seht Ihr Haushälter! Ich habe mein ganzes Leben lang kein rituelles Bad im Ganges genommen. Die Fische aber baden jeden Tag ihres Lebens im Ganges. Wenn das Baden im Ganges irgendeinen Effekt hätte, dann wären sämtliche Fische schon längst erleuchtet!"

Nachdenklich ging der Haushälter von dannen.

Geschenk für den Buddha

eine Geschichte aus dem Pali-Kanon
nacherzählt von Horst Gunkel

Einst saß der Buddha unweit eines indischen Dorfes unter einem Baum und meditierte. Am Vormittag war er im Dorf und hatte sich sein Essen erbettelt. Da die Menschen wussten, dass der Buddha ein großer Weisheitslehrer war und den Nachmittag unweit ihres Dorfes verbringen wurde, entschlossen sich viele Leute, zu ihm zu gehen. Während er in der Meditation weilte, hielten sie sich still zurück, um ihn nicht zu stören. Als er dann die Meditation beendet hatte, baten sie ihn, sie zu belehren. Also hielt der Buddha einen Vortrag.

Unter den Zuhörern war auch ein junger Mann, der eigentlich seinem Vater auf dem Bauernhof helfen sollte, denn es war gerade Erntezeit. Der junge Mann hatte gesagt, er wolle nur schnell einmal beim Buddha vorbeischauen und sei in einer Stunde wieder zurück. Aber er war so beeindruckt von der Ruhe, die der Buddha ausstrahlte, und so gefesselt von seiner Lehre, dass er darüber völlig die Zeit vergaß. Der Vater schickte einen seiner beiden anderen Söhne zum Buddha, damit dieser seinen Bruder hole. Doch auch dieser Sohn war begeistert vom Buddha und blieb. Da schickte der Vater seinen letzten Sohn, trug ihm auf, dass alle drei sofort zurückkommen sollten, doch auch dieser war von der Lebendigkeit der Lehrrede des Buddha so gepackt, dass er darüber seinen Auftrag vergaß.

Man kann sich vorstellen, wie wütend der Vater war, als er bemerkte, dass auch dieser Sohn nicht zurückkam, und voller Zorn machte er sich auf den Weg zum Buddha. Als er dort angekommen war, bahnte er sich einen Weg durch die Menschenmenge, ging geradezu auf den Buddha zu und übergoss ihn mit einer regelrechten Schimpfkanonade. Er beschuldigte ihn, ein nichtsnutziger Herumtreiber zu sein, der nichts anderes im Sinne hätte, als die Jugend von ihren Pflichten abzuhalten. Während ehrbare Meister die jungen Menschen zu Gehorsam gegen ihre Eltern anhalten würden, würde der Buddha die Jugend nur zum Faullenzen verführen.

Doch so gewaltig der Wortschwall des erbosten Vaters auch war, der Buddha hörte ihm nur ruhig zu und lächelte ihn die ganze Zeit freundlich an. Als der Wütende endlich zu Ende gekommen war mit seinen Anschuldigungen, fragte ihn der Buddha: "Mein Freund, ist das alles?"

"Ja, das ist alles oder langt es dir etwa noch nicht?"

"Lass mich dir lieber eine Frage stellen, mein Freund. Gesetzt den Fall, da kommt ein Mann in dein Haus und bringt dir ein Geschenk. Du nimmst es an. Wem gehört es dann?"

"Na, mir natürlich!" erwiderte der Mann etwas überrascht, denn er verstand den Sinn der Frage nicht.

"Gesetzt den Fall, dieser Mann kommt zu dir in dein Haus und bringt dir ein Geschenk, du aber weist das Geschenk zurück. Wem gehört es in diesem Fall?"

Jetzt war dieser Mann doch sehr irritiert: "Na, ihm natürlich, ich habe es ja zurückgewiesen, aber was soll das alles?"

"Ganz einfach mein Freund. Du kommst zu mir und machst mir ein Geschenk: deine Wut. Ich möchte sie aber nicht, ich weise sie zurück. Sie gehört immer noch dir."

Unterm Rosenapfelbaum
eine Geschichte aus dem Palikanon
nacherzählt von Horst Gunkel

Prinz *Siddharta*, der spätere Buddha, war zu einem intelligenten und
ernsthaften Kind von neun Jahren heran gewachsen. Seit einiger Zeit
besuchte er die Schule. Natürlich dürfen wir uns keine Schule in der
heutigen Form darunter vorstellen, es gab vielmehr Hauslehrer, die in
den Palast kamen und Siddharta und andere Prinzen der *Shakya*-
Dynastie sowie einige weitere Kinder von hohen Hofbeamten
unterrichteten. Die Lehrer waren sehr beeindruckt von der raschen
Auffassungsgabe und dem scharfen Verstand des jungen Siddharta.
Der zweitbeste Schüler der kleinen Lerngemeinschaft war übrigens
Siddhartas Vetter *Devadatta*. Die wichtigsten Fächer waren Literatur,
Sport, insbesondere Kampfsport, Musik und Sozialkunde. In letzterem
Fach wurde neben dem gesellschaftlichen Aufbau, was besonders die
Pflichten der einzelnen Kasten anging, auch Rechtskunde vermittelt.
Hierzu besuchten der Lehrer und seine Schüler
Gerichtsverhandlungen, die mitunter von Siddhartas Vater
Suddhodana geleitet wurden, der als Staatsoberhaupt von Shakya
auch oberster Gerichtsherr war. So wurde an aktuellen Fällen das
Rechtssystem erlernt.

An dem Tag, an dem unsere Geschichte spielt, war ein Feiertag in
Shakya, es war der „Tag des Pflügens". Gewissermaßen wurde die
neue Vegetationsperiode durch das Ziehen einer feierlichen ersten
Pflugfurche begangen, und dies Pflugfurche sollte natürlich der *Raja*,
der Herrscher von Shakya, eben Siddhartas Vater Suddhodana, ziehen,
wie es des Landes so der Brauch war.

Siddharta wurde dem feierlichen Tag entsprechend gekleidet, so trug
er eine Brokatjacke über seiner blütenweißen Robe und goldgewirkte
Sandalen. Die Hauptstadt *Kapillavatthu* war festlich herausgeputzt,
die Häuser an den wichtigsten Straßen waren frisch geweißt und mit
Blumengirlanden geschmückt, überall wehten bunte Fahnen im Wind
und die Stadt war erfüllt von den Klängen zahlreicher Musikanten. Die
leckersten Speisen und erlesene Getränke wurden auf Tischen an der

Straße angeboten. Die festlichsten Gabentische waren jedoch die Altare mit den Opferspeisen für die Götter, denn eine lange Prozession bewegte sich durch die Hauptstraße, angeführt von **Brahmanen** in ihren rituellen Gewändern. Das alles war jedoch in den Augen der Kinder eigentlich nur Auftakt für das große Fest auf einer Wiese vor der Stadt, das stattfinden würde, sobald der offizielle Teil der Feierlichkeiten beendet war. Dort würden Wettbewerbe und Kampfspiele stattfinden, außerdem sollten dort Tanzgruppen, Gaukler und Akrobaten auftreten.

Doch zunächst gab es den offiziellen Teil, der durch die Prozession eingeleitet wurde. Diese war noch recht kurzweilig, denn man kam durch die Stadt und sah all die besonders herausgeputzten Menschen und Häuser und die festlichen Altäre. Doch dann, draußen auf dem Feld, wo Suddhodana schließlich das Anpflügen leiten sollte, wurde es Siddharta und den anderen Kindern zunehmend langweilig, denn die lithurgischen Gesänge der Brahmanen wollten und wollten einfach kein Ende nehmen – und dazu kam die drückende Hitze: hier auf dem Feld gab es kein schattiges Plätzchen und die Sonne stand jetzt ganz hoch, so dass Siddharta der Schweiß auf der Stirn stand. Er beschloss, sich etwas von der Feier abzusetzen. In der Nähe kannte er eine Stelle, an der ein Rosenapfelbaum blühte, hier konnte man vom Schatten aus das feierliche Anpflügen verfolgen. Er setzte sich mit verschränkten Beinen unter den Baum und beobachtete achtsam den Ablauf des Festaktes. Hier genoss Siddharta die angenehme Kühle des Schattens und ein leichter Wind ließ seinen Schweiß trocknen.

„Hier bist du! Ich habe schon überall nach dir gesucht! Dein Vater vermisst dich," das war die Stimme von **Mahaprajapati Gotami**, einer Nebenfrau Suddhodanas, die Siddharta nach dem Tode seiner leiblichen Mutter, welche nur wenige Tage nach seiner Geburt gestorben war, gesäugt und aufgezogen hatte.

„Es ist ja soooo langweilig!", beschwerte sich Siddharta, „warum müssen diese heiligen alten Männer so ewig lange singen."

„Aber Siddharta, das sind doch die heiligen Gesänge der Veden, uralte Schriften, die einst der Schöpfer des Himmels und der Erde, der große Brahma, den Brahmanen gegeben hat."

„Und warum singt Vater nicht mit. Er ist doch der *Raja*. Es wäre doch nur gerecht, wenn er das alles leiten würde, die Gesänge und so."

„Das geht doch nicht, Siddharta. Der große Brahma hat diese Veden nur den Brahmanen gegeben. Natürlich ist dein Vater viel mächtiger als sie, er ist ja schließlich der Raja. Aber jeder hat die Pflichten seiner *Kaste* zu tun. Die Brahmanen allein dürfen die heiligen Rituale durchführen, aber niemals kann ein Brahmane Raja werden. Nur wer aus der Adelskaste ist, so wie dein Vater und du, nur der kann Raja werden, oder Beamter."

„Bitte, Mutter, sag meinem Vater ich möchte hier bleiben. Hier kann ich alles genauso gut sehen und hier ist es viel schöner. Ich komme nachher wieder zu euch, wenn das Anpflügen vorbei ist und der Jahrmarkt beginnt, ja?"

Mahaprajapati Gotami lächelte. `Er ist ja so süß, wie er da mit untergeschlagenen Beinen unter dem Baum sitzt´, dachte sie und sie sprach: „Ist ja gut, mein Kleiner, ich werde deinem Vater Bescheid sage. Bis später." Sie gab ihm einen Kuss auf die Stirn und ging zurück.

Und Siddharta saß ruhig wie ein Buddha mit untergeschlagenen Beinen unter dem Rosenapfelbaum und betrachtete die Zeremonie. Endlich waren die langweiligen Brahmanen fertig. Suddhodana ging zu einem Pflug, der am Beginn des allerfruchtbarsten Feldes für ihn bereitgehalten wurde. Die Pflugschar glänzte in der Sonne und vor dem Pflug gespannt war ein stolzes, prächtig geschmücktes Ross, kein Ackergaul und auch kein Wasserbüffel wie vor den meisten der anderen Pflüge, die etwas abseits abgestellt waren. Dann zog Suddhodana die erste Ackerfurche des neuen Jahres unter dem lauten Jubel des Volkes.

Als der Raja am anderen Ende des Feldes angekommen war, gab er mit der Hand ein Zeichen und alle Bauern gingen nun zu ihren Pflügen, damit ein jeder eine Furche auf dem königlichen Acker zog und so an dem Ritual des Anpflügens teilnehmen konnte. Auf diese Art übertrug sich der Segen, den die Brahmanen von der Erdgöttin, dem Sonnengott, der Mondgöttin sowie den Göttern für Wind und Regen erhalten hatte, und auch die Beschwörungen der finsteren Mächte, die durch Hagel, Sturm und Blitzschlag die Ernte zerstören könnten, auf ihren Pflug und damit auch auf ihre Felder. Jeder war jetzt geschäftig, entweder mit Pflügen oder damit, die Wasserbüffel beim Pflügen anzufeuern. Die allgemeine Erregung übertrug sich auch auf Siddharta, der zum Feld rannte, um das Anpflügen jetzt aus nächster Nähe zu beobachten.

Und wie genau sah Siddharta, was da geschah! Aber es war nicht die freudige Stimmung der Volksmenge, die sich seiner bemächtigte, vielmehr sah Siddharta, wie die Dinge wirklich sind. Er sah den Bauern, der da pflügte. Er sah ihn wirklich! Er war ein alter Mann, und die Tätigkeit des Pflügens strengte ihn sichtlich an, dies um so mehr, als er ein etwas verkürztes linkes Bein hatte. Siddharta konnte in seinem Gesicht lesen, wie ihn jeder Schritt anstrengte. Er sah die angespannten Muskeln des Mannes, der sich bemühte, den Pflug gerade in der Furche zu halten, was offensichtlich sehr schwierig war, und er sah den Schweiß auf der Stirn des Mannes, der diese Arbeit hier in der gleißenden Hitze ausführen musste.

Aber Siddharta sah noch mehr. Er sah auch die Peitsche in der anderen Hand des Mannes. Und er sah wie diese Peitsche auf den Rücken des Wasserbüffels hernieder knallte. Er konnte die Peitsche förmlich auf seinem eigenen Rücken spüren und großes Mitgefühl mit dem Wasserbüffel überkam ihm. Der Büffel schien zu weinen, aber das sah nur so aus, denn an seinen feuchten Augen waren Hunderte von Fliegen, die den Büffel belästigten.

Und dann sah Siddharta den Pflug. Er sah, wie er die Erde durchschnitt, und er sah, wie Regenwürmer und Engerlinge von diesem Pflug zerteilt wurden, wie sich diese kleinen Wesen krümmten und wanden vor Schmerz.

Und er sah die Vögel, die dem Pflug folgten, die sich mit lautem Schrei auf die nach oben gekommenen Würmer stürzten und die gierig alle kleinen Insekten verschlangen, die mit der offenen Scholle nach oben gekommen waren und die jetzt um ihr Leben liefen – die meisten vergebens.

Und dann sah er einen Raubvogel, der hinabstieß und einen dieser Vögel, der gerade an einem großen Regenwurm zog, in die Fänge nahm und auf einen Baum flog um den noch lebenden kleinen Vogel zu rupfen.

Langsam drehte Siddharta um. Tränen liefen jetzt über seine Wangen. Er kehrte zu seinem Rosenapfelbaum zurück und setzte sich mit untergeschlagenen Beinen darunter. Er senkte die Augenlider. Im Hintergrund hörte er die lärmenden, tanzenden und singenden Menschen. Dann versenkte er sich ganz in sich selbst. Bilder stiegen vor seinem geistigen Auge auf: Schweiß auf der Stirn eines Bauern, angespannte Muskeln, eine Peitsche, ein weinender von Fliegen belästigter Büffel, zerteilte Würmer, fliehende Käfer, zuschnappende Vögel, ein sich in den Klauen eines großen Vogels vor Schmerzen windender kleiner Vogel, aus dessen Mund noch ein Regenwurm herausragte.

****

Suddhodana war beunruhigt, als Siddharta nicht zu den Festlichkeiten erschien, und da Mahaprajapati Gotami ihm gesagt hatte, sie hätte ihn zuletzt unter dem kleinen Rosenapfelbaum sitzen sehen, ging er dorthin. Als er seinen Sohn sah, fand er ihn wunderschön. Wie eine Statue saß er da mit seinen untergeschlagenen Beinen im Meditationssitz unter einem Baum, sein Gesicht hatte einen nachdenklichen aber ruhigen Ausdruck. Siddharta, dieser gerade einmal neunjährige Knabe, gab ein Bild ab, das von erhabener Schönheit und seltener Würde war.

Suddhodana bekam Angst. Er erinnerte sich an die Prophezeiung des Asita kurz nach Siddhartas Geburt: entweder würde aus diesem ein großer weltlicher Herrscher werden - oder ein Heiliger, dessen Namen die Menschen noch in Tausend Jahren mit Ehrfurcht aussprechen würden. Suddhodana sah, wie würdevoll sein Sohn dasaß. Aber er hatte den Eindruck, diese Würde sei nicht die eines Königs, sondern die eines Erleuchteten. „Siddharta", sagte der Vater mit bedrückter Stimme.

Der Knabe öffnete langsam die Augen. „Es hat ihnen nichts geholfen Vater. Den Vögeln, den Würmern, den Bauern, den Wasserbüffeln hat das ganze Gesinge der brahmanischen Priester nicht geholfen. Sie alle mussten leiden. Weißt du nichts, was gegen all das Leid hilft?"

„Nein, Siddharta, ich weiß das auch nicht, keiner weiß das. Aber vielleicht sollten wir jetzt erst einmal zu den Gauklern und dem Zauberer gehen."

„Vater, ich möchte eines Tages wissen, was all den Wesen hilft. Und dann möchte ich ihnen helfen. Mögen doch alle Wesen glücklich sein!"

Suddhodana biss sich auf die Lippen. ˋEs ist wohl das Beste, wenn ich ihn in Zukunft im Palast lasse. Er soll nur junge, fröhliche Menschen um sich haben, damit er nicht mehr so ins Grübeln kommt und sich womöglich eines Tages diesen Sramaneras, diesen religiösen Suchern anschließt, die nicht an die Kraft der Veden und der brahmanischen Rituale glauben.´ So reifte in Suddhodana ein Entschluss heran, der Siddhartas Leben für nahezu zwei Jahrzehnte entscheidend beeinflussen sollte. Aber für Siddharta hatte dieser Tag noch eine weitere, noch viel tiefere Bedeutung. Mehr als ein Vierteljahrhundert später erinnerte sich der Asket Gotama, wie er einst als Kind unter einem Rosenapfelbaum gesessen und in tiefer Meditation gewesen war. Der Tag an dem sich der Wanderer *Gotama* an dieses Erlebnis unter dem Rosenapfelbaum erinnerte, war der Tag an dem er sich unter einen anderen Baum setzte, in *Bodh Gaya*, unter den *Bodhi-Baum*. Unter diesem anderen Baum sollte er dann die Lösung finden, das Ende allen Leidens. Aber das ist, wie ihr wisst, eine ganz andere Geschichte.

Frauen in den Orden?
eine Geschichte aus dem Palikanon
nacherzählt und kommentiert von Horst Gunkel

Es war schon eine lange Zeit vergangen, seit der in die Hauslosigkeit gezogene Prinz Siddharta zum Buddha geworden war, gewiss schon zwanzig Jahre. Die Zahl der buddhistischen Mönche betrug viele Tausende, vermutlich Zehntausende. Neben diesen Mönchen gab es zahlreiche Laienanhänger und Laienanhängerinnen, also Männer und Frauen, die den Buddha als ihren spirituellen Lehrer ansahen und von diesem als Schülerinnen und Schüler angesehen wurden, jedoch ein eher konventionelles Leben in Häusern und Familien führten. Was es jedoch nicht gab - noch nicht gab - waren ordinierte Frauen.

Die buddhistische Mönchssangha hatte sich entwickelt aus einer Gruppe von *Sramaneras*, also von in die *Hauslosigkeit* gezogenen sozialen Aussteigern, die auf der Suche nach spiritueller Verwirklichung waren. Diese Bewegung zählte damals in Indien nach Hunderttausenden, es war gewissermaßen neben dem *Brahmanismus* - dem heutigen *Hinduismus* - die zweite große religiöse Bewegung Indiens.

Eine immer bedeutender werdende Gruppe dieser Sramaneras waren die Mönche der *Sangha*, der spirituellen Gemeinschaft derer, die dem Weg des Buddha, dem Buddha-*Dharma*, folgten.

Indien war damals nicht nur nach *Kasten* eingeteilt, sondern es gab auch, wie in den meisten traditionellen Gesellschaften, eine klare Rollenverteilung zwischen den Geschlechtern, und natürlich war auch Indien, wie praktisch alle entwickelten Staaten der damaligen Zeit, eine patriarchalische Gesellschaft.

War es inzwischen gesellschaftlich akzeptiert, dass spirituell Suchende in die *Hauslosigkeit* zogen, so war es ganz und gar undenkbar, dass Frauen solches tun könnten.

Neben der sozialen Stellung der Frau, die, wenn sie denn in die *Hauslosigkeit* hätte ziehen wollen, ihre Eltern oder ihren Ehemann hätte um Erlaubnis bitten müssen, und neben den auch für die

Männer in der *Hauslosigkeit* existierenden Gefahren, gab es für die Frauen offensichtlich die zusätzliche Gefährdung, dass - wenn sie allein in die Wälder gezogen wären - sie wie selbstverständlich als Freiwild für Vergewaltiger gegolten hätten.

Sich aber männlichen religiös Suchenden anzuschließen, wäre ganz unmöglich gewesen, suchten diese doch gerade Freiheit vom "Luxusleben", und Frauen waren in der patriarchalischen Gesellschaft - natürlich ein besonderer „Luxusartikel", eine beständige Bedrohung für die sexuelle Enthaltsamkeit, die als hohes Gut galt. Und selbstverständlich waren sie ebenso eine Bedrohung für den Ruf der jeweiligen spirituellen Gemeinschaft. Während einzelne *Sramaneras* - oder auch Gruppen von ihnen - als religiöse Sucher galten, deren Unterstützung z. B. durch Essensspenden verdienstvoll ist, wären gemischtgeschlechtliche Gruppen als sittenlose Vagabunden verschrien gewesen, so dass dergleichen für spirituell Suchende schlicht unmöglich gewesen wäre.

Dennoch muss es wohl einige Frauen gegeben haben, denen diese strenge Einteilung nicht einleuchtete. Im *Brahmanismus*, der damals herrschenden Religion, heute würden wir *Hinduismus* dazu sagen - war die Rolle der Frau ebenso klar definiert wie die Rolle der Tiere oder der unteren *Kasten* und der Kastenlosen, der Unberührbaren. Entsprechend deiner Taten im vergangenen Leben - so glaubten die Brahmanen - bist du in diesem Leben sozial gebunden, du bist entweder Tier, oder du bist Angehöriger einer niederen *Kaste*, du bist möglicherweise Angehöriger einer höheren Kaste, oder du bist eben eine Frau. Jeder und jede hat so ihre klar definierte soziale Stellung, und ein Wunsch nach Änderung wäre nichts anderes als ein Aufbegehren gegen die göttliche Ordnung, so lehrten es die Brahmanen. Also hatte die Frau nicht aufzubegehren, sondern sich demutsvoll der göttlichen Ordnung zu unterwerfen, eine angemessen dienende Rolle zu spielen und, wenn sie denn ihrem Mann Söhne gebar und ordentlich alle Pflichten erfüllte, so winkte ihr eine bessere *Wiedergeburt*, vielleicht sogar als Mann.

Genauso unüberwindlich wie die Geschlechtsschranke war die Kastenschranke. Auch hier war der einzige Ausweg in der hinduistischen Gesellschaft die *Wiedergeburt* in einer höheren Kaste aufgrund guter Verdienste in diesem Leben.

Gegen diese Lehre der Brahmanen stand die Lehre des Buddha. Sie besagt: entscheidend ist nicht, wo du herkommst, sondern wo du hingehst. Das heißt nichts anderes, als dass man in jedem Augenblick seines Lebens in der Hand hat, wie man sich verhält. Durch ethisches Leben und geschicktes Handeln ist man jederzeit in der Lage, sein Schicksal vom nächsten Moment an mitzugestalten, nicht erst nach einer Wiedergeburt. Aus genau diesem Grund konnten Männer aller Kasten und auch Kastenlose in die Sangha des Buddha ordiniert werden, selbst Verbrecher, wie z. B. Angulimala konnten aufgenommen werden, wenn sie denn ihren Lebenswandel tiefgreifend und nachhaltig geändert hatten.

Eigentlich, so könnte man meinen, lag die Frage in der Luft, warum das, was für Angehörige niederer *Kasten* und für Kastenlose sowie für Verbrecher gelten sollte, dann nicht auch für Frauen Geltung haben müsste. Lange schien jedoch niemand diese Frage zu stellen bis...

Ja, bis der Buddha eines Tages wieder in Kapilavattu weilte, der Hauptstadt der Republik *Shakya*, aus der er stammte. Er war der Sohn des Herrschers von Shakya, und man hatte ihm nach langer Zeit verziehen, dass er seine Familie verlassen hatte. Allerdings folgten ihm, wann immer er in seine Heimatstadt kam, angesehene Männer aus gutem Hause in die Einsamkeit um nach Erleuchtung zu suchen, so u. a. sein Sohn Rahula sowie Ananda, Nanda und viele andere.

Daher waren die Gefühle der herrschenden Schicht durchaus gemischt, wann immer der Buddha die Hauptstadt betrat. Schon wenn man nur hörte, der Buddha sei nur noch wenige Tagesmärsche entfernt, er nähme Kurs auf *Kapilavattu* – sofort gab es Spekulationen, wer denn diesmal dem Buddha folgen würde. Aber auch diejenigen, die dafür in Frage kamen, meist junge Männer ohne familiäre Verpflichtungen, fragten sich, ob sie denn dem Buddha folgen sollten. Inzwischen waren jedoch praktisch keine ungebundenen jungen Männer mit spirituellen Tendenzen mehr übrig, so dass das Establishment von Shakya dem Besuch des Buddha gelassen entgegen sehen konnte.

In den vornehmen, gebildeten Kreisen von Kapilavattu gab es damals einen gewissen Frauenüberschuss, was nicht verwunderlich war, denn zahlreiche Männer aus gutem Hause waren in den vergangenen Jahren dem Buddha in die Haus- und Ehelosigkeit gefolgt.

Diese Frauen, nicht von Männern behütet, untereinander in Kommunikation und häufig ohne eheliche Pflichten, waren empfänglich für vermeintlich dumme, völlig unakzeptable Gedanken. Die angesehenste unter den Frauen aus gutem Hause war *Mahaprajapati Gotami.* Mahaprajapati Gotami war die Schwester von Prinz *Siddhartas* leiblicher Mutter Maja, die nur wenige Tage nach der Geburt des Knaben, des späteren Buddha, starb. Sie war außerdem eine der Nebenfrauen des Raja (des Herrschers) von Shakya, dieser hieß *Suddhodana.* Und was in diesem Zusammenhang vielleicht noch wichtiger ist, Mahaprajapati Gotami war die Amme Siddhartas, die ihn nach dem Tod seiner Mutter säugte und ihm zur sozialen Mutter wurde.

Der Buddha war, wie üblich, wenn er in Shakya weilte, im Palast eingeladen, man speiste miteinander und tauschte Höflichkeiten aus, man erzählte sich, was inzwischen vorgefallen war, und oft wurde der Buddha auch gebeten, eine *Dharma*-Geschichte zu erzählen. Als die Feierlichkeiten sich dem Ende zuneigten, wuchs die Spannung: wenn der Buddha nun gehen würden, würden wieder junge Männer aus gutem Hause aufstehen und um Aufnahme in die Mönchs*sangha* bitten? Und wenn ja - wer? Eine knisternde Spannung lag über der Festgesellschaft, allein einer schien völlig entspannt zu sein: der Buddha. Wusste er noch nicht, dass wenige Augenblicke später etwas geschehen sollte, das selbst einen großen Weisheitslehrer aus der Fassung bringen könnte?

Als die Zeit gekommen war, verabschiedete sich der Buddha vom Herrscher und von den Edelmännern, und er wollte sich dann *Mahaprajapati Gotami* zuwenden, als diese aufstand, dem Buddha fest in die Augen blickte und laut und vernehmlich, so dass jeder es hören konnte, sprach: "Erhabener, viele edle Menschen sind mit Euch in die *Hauslosigkeit* gezogen, folgen dem *Dharma*, der Lehre, die Ihr verkündet habt und befinden sich auf dem Pfad der Erlösung oder sind bereits erlöst. Herr, auch ich möchte in die *Hauslosigkeit* ziehen, nehmt mich in die Sangha der edlen Menschen auf!"

Das war unerhört! Das war praktisch die traditionelle Formel, mit der sich in der Vergangenheit an gleicher Stelle Männer offenbart hatten, die dem Buddha folgen wollten - und immer akzeptiert wurden - nur dass diesmal statt des Ausdrucks *"Sangha* edler Mönche" der

Terminus "*Sangha* edler Menschen" verwendet wurde, gerade so, als ob es rechtlich und tatsächlich nicht gewaltige Unterschiede zwischen Männern und Frauen gäbe! Trotz der großen Festgesellschaft: jetzt hätte man eine Stecknadel fallen hören können.

"Das ist absolut unmöglich!" entgegnete der Buddha und war sich bei diesem Urteil erstmals des Beifalls aller Anwesenden sicher - zumindest aller anwesenden Männer. Jeder erwartete jetzt, dass sich *Mahaprajapati Gotami* kleinlaut hinsetzen müsse oder heulend weglaufen, doch sie tat nichts dergleichen, sondern noch etwas mindestens genauso Unerhörtes wie ihre erste Rede. Diesmal jedoch war es nur ein Wort, das sie an den Buddha richtete: "Warum?"

Wohl die Tatsache, dass sie ihn gesäugt hatte, so nahmen die Anwesenden an, verlangte vom Buddha ihr gegenüber überhaupt zu antworten. Er sprach klar und vernehmlich: "Es ist unmöglich für die Reputation der Sangha, wenn Frauen ihr folgen, und es ist ebenso unmöglich, eine Frau allein in die Hauslosigkeit ziehen zu lassen. Männer und wilde Tiere würden dir gefährlich werden."

Das war's, der Buddha wollte sich gerade zum Gehen wenden, doch *Mahaprajapati Gotami* war noch nicht fertig: "Haltet ein, **Buddha**, mit dem ersten Argument mögt Ihr Recht haben, aber das zweite zieht nicht. Nicht, wenn ich nicht allein bin!" Sprach's und wandte sich um: "Edle Frauen von *Kapilavattu*, wer von euch ist bereit, mit mir gemeinsam auf dem Pfad des Buddha zu wandeln und in die Hauslosigkeit zu ziehen, um nach Erleuchtung zu suchen?"

Eine weitere Frau erhob sich, eine zweite, dann noch eine - schließlich waren es Dutzende von Frauen, die sich erhoben hatten, und von überall tönte es selbstbewusst. "Ich."- "Ich!"- "Ich auch!" "Ich bin dabei."

Nicht wenigen Männern lief es eiskalt den Rücken herunter, sie bekamen Gänsehaut und ihre Haare sträubten sich: eindeutig eine Verschwörung, ein Weiberaufstand, das konnte nicht spontan sein, das musste abgesprochen sein! Ein Skandal ohnegleichen!

"Schluss damit, das ist unmöglich, definitiv unmöglich!" sagte der Buddha und wandte sich an seinen Sekretär: "Komm Ananda!" Dieser machte eine achselzuckende Bewegung in Richtung der Frauen und folgte dann dem Buddha. Ohne sich noch einmal umzublicken reiste der Buddha ab und wanderte die ganze Nacht hindurch. Schweigend. In angemessenem Abstand folgte Ananda.

Doch sehen wir uns an, was inzwischen in Kapilavattu geschah, wo der "Weiberaufstand" der Festgesellschaft die Sprache verschlagen hatte.

"Edle Frauen", rief jetzt **Mahaprajapati Gotami**, "folgt mir zur Beratung!" Das Entsetzen der Männer und natürlich auch der vielen Frauen, die sich nicht an dem "Weiberaufstand" beteiligt hatten, war groß. Herrschte vorher beklemmende Stille, so entstand jetzt ein erhebliches Palaver, genug Gesprächsstoff für die halbe Nacht. Der Likör floss reichlich, und man echauffierte sich mehr und mehr.

Aber auch bei den ausstiegswilligen Frauen ging es hoch her.

"Es war gut so, gemeinsam aufgetreten zu sein, wir Frauen sind nichts Schlechteres als die Männer, wir haben genau so das Recht, Sramaneras zu werden", war eine Meinung.

"Es war ausgesprochen ungeschickt", so argumentierten andere, "der Buddha lässt uns nicht in die Sangha und die anderen zerreißen sich jetzt über uns die Mäuler. Die nächsten Tage, Wochen, ach, was sag´ ich: die nächsten Jahre werden für uns die Hölle sein. Wir haben die Männer in ihrem Selbstverständnis angegriffen und müssen uns jetzt wieder demütig unter ihre Herrschaft begeben."

Schließlich ergriff **Mahaprajapati Gotami** das Wort: "Schwestern, ihr habt Recht. Du hast Recht, Mala, wenn du sagst, es war an der Zeit ein Zeichen zu setzen, dass wir nichts Schlechteres sind als die Männer und dass wir das gleiche Recht auf spirituelle Entwicklung haben. Und auch du, Schwester Purima, hast Recht, dass es die Hölle für uns wäre, wenn wir jetzt kleinlaut an Heim und Herd zurückkehren würden. Genau das dürfen wir nicht tun. Ist euch eigentlich aufgefallen: der Buddha hat zweimal abgelehnt. Erst eine dreifache Ablehnung ist nach alter Väter Sitte rechtsgültig. Nach alter Mütter Sitte übrigens auch! Außerdem hat der Buddha Bedenken, wir seien zu schwach für das Leben auf der Straße. Beweisen wir ihm das Gegenteil! Ich habe mit **Ananda** gesprochen und weiß, wohin der Buddha von hier aus gehen wird. Er will eine große Gruppe Mönche flussabwärts treffen, das ist ein weiter Weg: 120 Meilen. Lasst uns ihm folgen und ihm dann nach 120 Meilen erneut fragen. Dann, wenn er sieht, dass wir den Strapazen des Lebens in der *Hauslosigkeit* gewachsen sind."

Es gab noch weitere Argumente für und wider, aber schließlich setzte sich allgemein die Erkenntnis durch, dass *Mahaprajapati Gotamis* Vorschlag der einzige sei, bei dem das Selbstbewusstsein und die Entschlossenheit der Frauen keinen Schaden nehmen würde, und außerdem der einzige Weg, auf dem die Verwirklichung, die Erleuchtung, noch in diesem Leben möglich sei. Beim Morgengrauen verließen die Frauen die Stadt - unbemerkt, denn die Festgesellschaft schlief ihren Rausch aus.

Einige Tage später saßen der Buddha und die Mönche, die er 120 Meilen flussabwärts besuchte, beisammen und er sprach gerade mit ihnen über den *Dharma*, als einige Unruhe durch die hinteren Reihen der sonst so schweigsamen Mönchsversammlung ging. Auch der Buddha sah auf. Das konnte nicht wahr sein! Hier, nur wenige Tage nach dem Zwischenfall in *Kapilavattu*, erschien *Mahaprajapati Gotami*, 120 Meilen von seiner letzten Begegnung mit ihr entfernt, offensichtlich ohne männliche Begleitung, ohne Pferd und Wagen und ohne Elefanten, verschwitzt und vom Staub der Landstraße bedeckt und mit ihr Dutzende weiterer Frauen, gezeichnet von den Strapazen des ungewohnten Marsches, aber auch von einer wilden Entschlossenheit.

Keine der Frauen sagte etwas. Auch das Raunen der Mönche war jetzt verstummt, jeder war sich der Ungeheuerlichkeit des Augenblickes bewusst. *Mahaprajapati Gotami* blickte den Buddha an, als wolle ihr Blick ausdrücken: "Und was sagst du jetzt?" - aber ihre Lippen bewegten sich nicht.

Auch der Buddha sagte nichts. Er stand auf, drehte sich um und ging in den Wald.

"Jedenfalls hat er nicht zum dritten Mal `Nein´ gesagt", flüsterte eine der Frauen *Mahaprajapati Gotami* zu. Diese aber nahm Ananda beim Arm und ging mit ihm in eine andere Richtung.

"Hier geschieht Ungeheuerliches", war es den Mönchen bewusst. Erst das Auftreten dieser Frauen im Lager der Mönche, dann nimmt eine von ihnen den ehrwürdigen *Ananda* am Arm - man stelle sich vor: sie berührt ihn! Und er lässt sich das gefallen und geht dann sogar mit ihr in den Wald. Das schien das Ende der Mönchskultur! Der Verlust aller Sitten und Moral! Diese Frauen waren drauf und dran, alles kaputt zu machen, was der Buddha in all den Jahren aufgebaut hatte. Einige der jüngeren Mönche schielten sogar zu den Frauen herüber, die sich dort auf dem Boden niederließen und deren nicht gerade für weitere Wanderungen gemachten Kleider teilweise von den Strapazen der Reise in sengender Sonne durchgeschwitzt und eingerissen waren, hier und dort in Fetzen herabhingen.

Keiner der Mönche wäre jedoch auf die absolut absurde Idee gekommen, den Frauen vielleicht etwas Wasser zum Trinken oder zum Waschen zu holen oder ihnen den Weg zum nahen Bach zu zeigen, wo sie sich hätten erfrischen können. All das wäre nicht nur ein Verstoß gegen die Mönchsregel gewesen, von Frauen möglichst keine Notiz zu nehmen (aus Vorsicht vor aufkommender Begierde!), es wäre auch gesellschaftlich völlig unakzeptabel gewesen und schon fast einem unsittlichen Antrag gleichgekommen. Natürlich erwartete auch keine der Frauen ein solches Benehmen.

Ananda und *Mahaprajapati Gotami* waren sich einig: es sei besser, wenn Ananda den Buddha fragte, die Frauen als Nonnen zu ordinieren, denn gegenüber Ananda hatte er noch nicht zweimal "Nein" gesagt, Ananda könnte gegebenenfalls nach einer Verneinung noch ein paar Argumente nachschieben.

Es war Anandas schwerster Gang. Alle Verantwortung lag auf ihm. Er begab sich zum Buddha. Dieser saß am Rande des Baches und sah ins klare Wasser. Ananda wusste, dass es besser war, abzuwarten, bis der Buddha ein Zeichen gab, dass Ananda reden solle.

Nach einiger Zeit sprach der Buddha: "*Ananda*, du bist gekommen, mich um etwas zu bitten?" Ananda stellte die erwartete Frage. Der Buddha lehnte klar und ohne Wenn und Aber ab.

Ananda erläuterte die Strapazen, die die Frauen auf sich genommen hätten, ihre offensichtlich tiefe Absicht, den Dharma zu praktizieren, die Tatsache, dass es viele Frauen seien, keine einzelnen, gefährdeten Geschöpfe. Der Buddha lehnte zum zweiten Mal ab.

Ananda fasste sich ein Herz. Er erläuterte die Vorteile der Zufluchtnahme und schilderte plastisch, was die Frauen erwarten würde, wenn sie wieder nach *Kapilavattu* zurückkehrten. Er zog alle Register seiner Überzeugungskunst.

"Nein, Ananda, es geht nicht. Hast du die Blicke der Mönche gesehen, als die Frauen kamen, sich hinsetzten? Hast du das Aufflackern in den Augen nicht weniger gesehen, als sie sich ansahen, bei den Mönchen, aber auch bei den Frauen? Ich wünschte mir von Herzen, es wäre anders, aber es geht nicht. Es tut mir leid, Ananda."

Das war das dritte Nein. Damit war die Sache entschieden.

Weder der Buddha noch Ananda machten Anstalten, zurück zu den anderen zu gehen und die Entscheidung zu verkünden. Der Buddha saß und blickte ins Wasser, Ananda stand daneben, Tränen rannen über seine Wangen. So verharrten sie eine volle Stunde.

Dann hatte sich *Ananda* wieder gefasst, der stille Strom seiner Tränen war versiegt, und so ergriff Ananda als erster das Wort: "Herr, mir sind einige Dinge bezüglich der Lehre noch nicht ganz klar, würdet Ihr wohl die Gelegenheit nützen, mir drei Fragen zu beantworten?" Schweigend stimmte der Buddha zu, obwohl es ihm merkwürdig vorkam, dass Ananda so kurz nach seinem emotionalen Ausbruch bereit war, auf ein scheinbar völlig anderes Thema überzugehen. Vielleicht jedoch auch, so steht es in den Kommentaren zu lesen, weil der Buddha genau wusste, was jetzt geschehen würde.

"Herr, Ihr habt die Aufnahme dieser Frauen in den Orden abgelehnt, sicherlich mit guten Gründen. Aber sagt: angenommen Frauen würde es erlaubt sein, in die Hauslosigkeit zu ziehen, sie würden den Dharma hören und eifrig praktizieren können, könnten dann eigentlich auch Frauen, ebenso wie Männer, zur höchsten Erleuchtung gelangen?"

"Sicher, Ananda, auch Frauen wären unter diesen Umständen in der Lage, genau wie Männer, zur höchsten Erleuchtung zu gelangen", antwortete der Buddha. Offensichtlich war für Ananda das Thema der

Frauenordination gedanklich noch nicht abgehakt, obgleich er dreimal abgelehnt hatte. Andererseits gab es keinen Grund auf Anandas - völlig theoretische! - Frage nicht einzugehen.

"Die zweite Frage ist, Herr: da ist ein edler Mann in der Welt. Sagt, wem in der Welt ist er wohl am meisten zu Dank verpflichtet?" Das war eine rhetorische Frage, denn darüber gab es in ganz Indien keinerlei Zweifel. Es gab darauf nur eine Antwort, das wussten der Buddha und Ananda gleichermaßen, aber es war am Buddha zu antworten, denn er hatte zugestimmt, drei Fragen von Ananda zu beantworten, auch wenn der Verlauf dieser Befragung in eine eindeutige Richtung ging.

"Ein edler Mann, Ananda, ist, wie wir beide sehr wohl wissen, und wie es alter Brauch ist, am meisten zu Dank der Mutter verpflichtet, die ihn gesäugt hat." Das war die offizielle Antwort, wörtlich, niemals wurde in Indien daran gezweifelt. Aber die Frage war taktisch äußerst geschickt gestellt, denn Mahaprajapati Gotami war zwar nicht des Buddhas leibliche Mutter, aber sie war seine Amme, also die Mutter, die den Knaben gesäugt hatte. Der Verlauf des Gespräches ging tatsächlich in die vom Buddha erwartete Richtung. Dieser Ananda, sagte sich der Buddha, so geschickt war er noch nie aufgetreten!

Der Buddha hatte die Augen geschlossen. Er erwartete die entscheidende Frage. Wenn Ananda das Spiel klug zu Ende spielte, konnte jetzt nur noch eine Frage kommen - und Ananda machte den entscheidenden Spielzug: "Was, Herr, ist wohl das köstlichste Geschenk, das ein Mann der Mutter, die ihn gesäugt hat, machen könnte?"

Die Antwort war klar, der Buddha hatte sie seit Jahren gepredigt, das köstlichste Geschenk von allen möglichen Geschenken ist, den Dharma zu geben, und niemand hat natürlich so gute Chancen, den Dharma zu praktizieren, wie der Ordinierte - oder eben die Ordinierte.

"Lass´ mich allein, Ananda, ich muss die folgenschwerste Entscheidung treffen, seit ich nach meiner Erleuchtung unter dem *Bodhi-Baum* aufgestanden bin." Dies sagte der Buddha statt einer Antwort.

In der Tat war das eine äußerst schwere Entscheidung, wie man es sich heute kaum mehr vorzustellen vermag, denn das gesamte gesellschaftliche Umfeld, das die Männer und Frauen damals prägte, war ein völlig anderes als heute.

Anandas Argumentation war absolut schlüssig. Das edelste, was ein Mann tun kann, war im Alter die "Mutter, die ihn gesäugt hat" zu unterstützen, das war gute Sitte in Indien und bezog sich traditionell auf materielle Unterstützung zur Alterssicherung.

Mahaprajapati Gotami fehlte es materiell an nichts. Aber er, der Buddha, hatte immer gelehrt, dass das Materielle vergleichsweise unwichtig sei. Entscheidend sei das Spirituelle, und das bedeutet letztendlich, dem Dharma zu folgen. Er konnte das der "Mutter, die ihn gesäugt hat" nicht vorenthalten. Und was war mit all´ den anderen Frauen? Wie sollte er die halbe Menschheit von der Chance, in diesem Leben zur Erleuchtung zu gelangen, ausschließen?

Andererseits: was würde das für die Mönchsgemeinde bedeuten, welche Probleme kamen damit auf sie zu? Was bedeutete das angesichts der Konditionierung all´ dieser Mönche, die Kinder dieser Gesellschaft waren? Und was für die Frauen, die ebenso dieser patriarchalischen Gesellschaft entstammten? Würden vielleicht unzählige Frauen um Ordination bitten, die eigentlich nicht den Dharma suchten, sondern nur ihrer gesellschaftlichen Rolle entfliehen wollen? Die sich gewissermaßen die Rosinen der Freiheit herauspicken wollen, ohne das in jeder Hinsicht enthaltsame Leben führen zu wollen? Welche Effekte hat das auf das Ansehen der *Sangha*? Und damit auch darauf, wie sehr diese Sangha für wirklich ernsthaft strebende Männer attraktiv wäre? Oder würden womöglich solche junge Männer kommen, die die Frauen für so eine Art *Groupies* hielten? Was bedeutet das dafür, wie die Laien der Sangha gegenüberstehen? Wird dann weiterhin die notwendige Unterstützung durch rechtschaffene Haushälter gegeben sein? Letztendlich bedeutete diese Entscheidung einen massiven Eingriff in ein ganzes Netzwerk von Bedingungen und Folgen.

Wenn denn eine Nonnenordination erfolgen sollte, würde es ein spezielles Regelwerk für Nonnen geben müssen. Das Regelwerk für Mönche hatte sich im Laufe von über zwanzig Jahren herausgebildet, je nach den Erfordernissen. Die Nonnenregeln hingegen mussten jetzt sofort festgelegt werden, um den Bestand der Sangha nicht zu gefährden.

Eines musste dabei ganz klar sein: es musste (erstens) ein Regelwerk geben, das einerseits Frauen, die nicht ernsthaft streben wollten, vom Eintritt in den Orden abhielt, es musste also abschreckend genug sein. Andererseits durfte es (zweitens) die moralische Integrität der Mönche - und der Nonnen - nicht gefährden, und schließlich (drittens) musste es so gefasst sein, dass die patriarchalisch strukturierte Gesellschaft dies akzeptieren konnte, ohne der Sangha die Unterstützung zu entziehen.

Als der Buddha zurückkehrte erreichte die Spannung unter den Frauen - aber auch bei den Mönchen - ihren Höhepunkt. Er fragte: "Frauen, seid ihr bereit unter diesen äußerst strengen Bedingungen die Ordination zu akzeptieren:

- Frauen- und Männerorden sind strikt getrennt.
- Eine Nonne hat einem Mönch stets die Ehrerbietung zu erweisen, egal wer von beiden älter ist oder früher ordiniert wurde.
- Eine Nonne darf einen Mönch niemals kritisieren.
- Eine Nonne darf den Mönchen keine Belehrung erteilen."

Freudig stimmten die Frauen zu.

Dann wurden die Nonnen ordiniert und die beiden Orden trennten sich. Der Buddha und Ananda gingen mit den Nonnen, um sie im Dharma zu unterweisen. Beide Orden waren nun streng getrennt. Nur zwei Männer durften bei den Nonnen sein, um sie zu unterweisen: der Buddha, der den Dhamma am tiefgründigsten vermitteln konnte, und Ananda, der durch seine Fürsprache die Gründung des Frauenordens erst ermöglicht hatte. Ihm waren die Nonnen immer in ganz besonderer Dankbarkeit verbunden.

Hierzu folgt ein Nachwort von Horst auf der nächsten Seite.

Nachwort von Horst

Diese Geschichte habe ich vor langer Zeit niedergeschrieben. Selbstverständlich habe ich mich dabei einerseits inhaltlich so eng wie möglich an den **Palikanon** gehalten, andererseits habe ich mich bemüht, die Situation so plastisch wie möglich für die Ohren der ZuhörerInnen des frühen 21. Jahrhunderts zu schreiben. Daher kommt in der Geschichte wörtliche Rede vor, im Palikanon fehlt dieses Stilmittel. Daher habe ich auch einige Überlegungen niedergeschrieben, die vor 2500 Jahren selbstverständlich waren, weil sie die gesellschaftliche Realität und das zeitgenössische Denken beschrieben, die unserem Denken jedoch eher fremd sind. Deshalb erschien es mir nötig diese aufzuschreiben. Auf diese Art habe ich - so gut ich es vermochte - versucht, das in einer zeitgemäßen Nacherzählung wiederzugeben, was im Pali-Kanon steht.

Gemeinhin gilt der Palikanon als authentisch. Gerne wird unterstellt, dass sich alles genau so abspielte, wie es 500 Jahre später, bei der ersten schriftlichen Niederlegung des Palikanons, aufgeschrieben wurde. Das ist jedoch unrealistisch. Die Lehre vom Bedingten Entstehen, die zentrale Lehre des Buddha, würde nicht stimmen, wenn dem so wäre. Eine der Bedingungen für das Niedergeschriebene ist natürlich das, was passiert ist. Eine weitere ist aber das, was in den Köpfen der Menschen, die diese Erzählung weitergaben, geschah und was sich in Gesprächen dieser Menschen verfestigte. Der Palikanon ist, das muss man wissen, nur von Mönchen überliefert, nicht von Nonnen - und das hat Auswirkungen.

Ich möchte zunächst die Fakten nennen, die zeigen, dass die Geschichte nicht ganz stimmen kann. Anschließend möchte ich eine mögliche, eine mir plausibel erscheinende Erklärung dafür liefern, wieso diese Geschichte sich gegenüber der Realität so verändert hat. Ich beziehe mich dabei auf den Stand der Wissenschaft zu Beginn des 21. Jahrhunderts. Es kann sein, dass ich und diejenigen, die es ähnlich sehen, damit falsch liegen. Urteilt selbst, für wie plausibel ihr das haltet, was ich ausführe.

Zunächst die Fakten, wie sie von der Geschichtsforschung als erwiesen gelten. Der Buddha erreichte mit etwa 35 Jahren die Erleuchtung. Durch den Vergleich unterschiedlicher Quellen kann die erste

Frauenordination ziemlich genau bestimmt werden: sie muss wohl acht Jahre nach der Erleuchtung des Buddha stattgefunden haben, und in der Tat gehörte zur ersten Gruppe ordinierter Frauen Mahaprajapati Gotami. Der Buddha war damals also noch nicht einmal 45 Jahre alt. Ananda wurde der Begleiter des Buddhas, sein Sekretär und sein Freund jedoch erst, als der Buddha 55 Jahre alt war. All das gilt heute als historisch gesichert.

Und nun die Interpretation.

Daraus lässt sich nur der Schluss ziehen, dass die Figur des Ananda erst später in diese Schilderung eingebaut wurde. In der Tat erschien es mir schon beim ersten Lesen - und natürlich auch beim Niederschreiben - als merkwürdig, dass ein vollkommen Erleuchteter, der Buddha, von einem Unerleuchteten, eben Ananda, überredet oder überzeugt werden kann. Das ist eigentlich unlogisch. Schon das Gespräch in Kapilavattu zeugt nicht von der sonst überall beschriebenen Weitsicht des Buddha.

Bleibt die Frage, warum die Mönchssangha, die sonst so darauf erpicht war, möglichst alles wortgetreu wiederzugeben und zu überliefern, sich hier zu Zensoren aufgespielt hat. Dafür gibt es eigentlich nur eine Erklärung: sie vermochten nicht zu glauben, dass diese Geschichte sich so abgespielt hat, wie sie tatsächlich geschehen war, nämlich dass der Buddha von sich aus die Nonnenordination eingeführt hat - sicherlich auf Bitten und Betreiben von Mahaprajapati Gotami.

Für die Mönche, die unerleuchtet waren und der patriarchalischen Gesellschaft entstammten war es schlicht nicht einzusehen, dass ein Weiser, ein Erleuchteter, Frauen aufgenommen hat und sie so denn Männer ebenbürtig gegenüber stellte. Zwar war bekannt, dass es auch unter den Frauen Erleuchtete gab, jedoch wurde das auf die hervorragende direkte Belehrung durch den Buddha - einen Mann! - zurückgeführt.

Es muss den patriarchalisch sozialisierten, patriarchalisch fühlenden und patriarchalisch denkenden Mönchen ein stetiger Dorn im Auge gewesen sein, dass es diese Frauenordination gab. Das konnte in ihren Augen nicht Ausdruck des erleuchteten Geistes des Buddha sein, es erschien ihnen vielmehr fast wie eine Torheit.

Und so musste diese Entscheidung - in ihren Augen eine krasse Fehlentscheidung - einem Unerleuchteten in die Schuhe geschoben werden. Und es gab in der ganzen näheren Umgebung des Buddha, unter allen, die mit ihm in enger Kommunikation standen, nur einen Unerleuchteten: Ananda. Also musste diesem der schwarze Peter zugeschoben werden. (Ähnliches ist in einem weiteren Fall geschehen, so wird Ananda unterstellt, er sei schuld, dass der Buddha nicht ewig lebe. Ananda hätte es versäumt, ihn darum zu bitten.)

Das alles kann Zweifel daran nähren, dass man in allen Punkten den Palikanon als authentisch ansehen muss. Das ist aber keineswegs schlimm, es ist sogar heilsam. Denn der Buddha hat ausdrücklich davor gewarnt, einer heiligen Schrift unkritisch zu folgen, ja er hat sogar gewarnt, den Dharma niederzuschreiben, weil das zwangsläufig zu einer verfälschten Auffassung führen würde.

Außerdem zeigt es einmal mehr, wozu unerleuchteter menschlicher Geist fähig ist: selbst ohne bösen Willen (den würde ich den überliefernden Mönchen absolut nicht unterstellen wollen), führt moha, führt menschliche Verblendung, führen unzulässige Projektionen unseres unerleuchteten Geistes dazu, die Dinge anders zu sehen als sie wirklich sind.

Der Dharma ist keine Lehre für Blindgläubige. Der Dharma lehrt, die Dinge so zu sehen, wie sie sind. Nicht so, wie wir sie gerne hätten. Daher finde ich - so merkwürdig das klingt - dass die hier aufgezeigte Verfälschung der Lehre des Buddha der beste Beweis für die Richtigkeit der Lehre des Buddha ist.

Angulimala, der Mörder
eine Geschichte aus dem Pali-Kanon
nacherzählt von Horst Gunkel

Als König *Pasenadi* von *Kosala* noch jung war, hatte er einen Schatzmeister, mit dem er befreundet war, denn sie waren zusammen bei einem großen Meister zur Schule gegangen. Jetzt war der Schatzmeister die rechte Hand des Königs und beriet ihn bei allen Fragen, nicht nur den finanziellen. Der Schatzmeister hatte geheiratet, und seine Frau war zum ersten Male schwanger geworden.

Bei der Geburt des Kindes geschahen jedoch eigentümliche Ereignisse: ein merkwürdiges Licht erfüllte die Nacht und alle Waffen im Lande schienen zu leuchten, als wenn das Metall glühte. Selbstverständlich kam auch ein Wahrsager - wie das damals in Indien so üblich war - um den Eltern des Kindes die Zukunft des Neugeborenen zu prophezeien. Doch was der Wahrsager dem Vater sagte, ließ diesem das Blut in den Adern gefrieren: es sei vorherbestimmt, dass dieses Kind der gefürchtetste Terrorist würde, der jemals in Kosala gelebt habe.

Der Vater war natürlich sehr beunruhigt darüber, erzählte seiner Frau jedoch nichts von der Prophezeiung und begab sich stattdessen pflichtgemäß in den Palast, um die Steuereintreibung zu überwachen. König Pasenadi jedoch ließ seinen Schatzmeister kommen und erzählte ihm von dem geheimnisvollen Leuchten der Waffen in der vergangenen Nacht. Es müsse sich um ein böses Omen handeln und es sei herauszufinden, was es damit auf sich habe, um dem Übel entgegentreten zu können. Der Schatzmeister gestand seinem König, dass die Geburt seines Sohnes die Ursache gewesen sei und auch, was der Wahrsager gesagt hatte.

„Das Kind muss sofort getötet werden, das ist eine Frage der nationalen Sicherheit," entschied König Pasenadi. Aber der Vater des Neugeborenen bat um das Leben seines Sohnes. König Pasenadi entgegnete, wenn es um die nationale Sicherheit ginge, seien Gefühlsduseleien fehl am Platze. Da versuchte der Schatzmeister seinen letzten Trumpf auszuspielen: „Weißt du noch, großer und weiser König Pasenadi, wie wir gemeinsam bei unserem Meister studiert haben, wie wir nächtelang diskutiert haben: ist unser Schicksal vorherbestimmt oder liegt es in unserer eigenen Hand. Unser Meister hat damals die Meinung vertreten, entscheidend sei das, was wir von Geburt an mit in unserer Leben bringen, du aber, großer und weiser Pasenadi, hast dem widersprochen: entscheidend sei die Erziehung - und du hast zahlreiche Beweise für diese These angeführt. Heute aber bitte ich dich: stehe zu deiner Ansicht, glaube nicht, dass die Geburt alles vorbestimmt, lass uns gemeinsam den Beweis antreten, dass die Erziehung das Entscheidende ist. Dieser Junge soll nur die allerbeste Erziehung genießen, hin zu Toleranz, Friedfertigkeit und Weisheit. In diesem Sinne habe ich ihm schon seinen Namen gegeben: *Ahimsaka* (der Gewaltlose)."

König Pasenadi sah sich in einer misslichen Lage: einerseits verlangte die Staatsräson die Tötung des Säuglings, andererseits hatte ihn sein Freund an seinem wunden Punkt erwischt: Meinungen, die Pasenadi einmal vertreten hatte, pflegte er nicht zu ändern, schon gar nicht pflegte er einzugestehen, dass er sich geirrt haben könnte. Rasch überlegte er, welchen Ausweg er aus diesem Dilemma habe, aber er stellte fest, dass das eigentlich kein akutes Problem sei. Frühestens in anderthalb Jahrzehnten musste gehandelt werden, außerdem war dies der beste Weg, sich die unbedingte Loyalität seines Schatzmeisters zu sichern.

„Nun, gut", sagte König Pasenadi, „der Knabe soll leben, aber ich erwarte von dir einen jährlichen Bericht über seine Entwicklung und alle von dir ergriffenen Maßnahmen."

Wie der König entschieden hatte, so geschah es. Der Schatzmeister unterrichtete den König jährlich über den Fortgang des Projektes „Ahimsaka". Es gab keinen Anlass zu irgendwelchen Sorgen.

Als Ahimsaka dann zum Jüngling herangewachsen war, entschied sich sein Vater ihn zum Studium zu einem anerkannten Lehr-meister im Lande Maghada zu schicken. Danach würde er ein weltläufiger und gebildeter Mann sein, dem wichtige Staatsämter offen stünden. Mehrere Jahre lang studierte der höfliche und intelligente junge Ahimsaka bei seinem Lehrer und schon bald war dieser von den außerordentlichen Fähigkeiten, von der Auffassungsgabe und der Strebsamkeit seines Schülers so angetan, dass Ahimsaka deutliche Vorrechte vor den anderen Schülern genoss. So durfte Ahimsaka im

Hause des berühmten Lehrers wohnen, denn dieser liebte bei den Mahlzeiten gebildete Diskussionen – und wer wäre dafür geeigneter gewesen als sein Musterschüler. Die Studienkollegen Ahimsakas waren von dieser Entwicklung weniger angetan, sie missgönnten dem Streber seine Anerkennung.

Einer der Mitschüler Ahimsakas war auch aus Kosala und während der Semesterferien hörte er sich um, was Ahimsaka beträfe. Er kam mit einer ganz entscheidenden Neuigkeit zu seinen Kommilitonen zurück: er kannte jetzt die Prophezeiung!

Abends saßen die Studierenden in einer Kneipe zusammen und beschlossen, den Meister zu informieren, wen er dort in seinem Hause beherbergte, natürlich so, dass Ahimsaka von der Intrige nichts mitbekäme. Gesagt, getan.

Der Lehrer, der keinen Moment daran zweifelte, dass der Wahrsager die Zukunft des jungen Mannes treffend vorausgesagt hatte, überlegte, wie er mit dem Problem umgehen solle. Wenn er überhaupt nichts täte und dem werdenden Terroristen weiter Unterschlupf gewährte, so würde dieser ihn, seine Frau und seine Kinder zweifellos früher oder später töten. Wenn er ihn aber hinauswerfen würde, würde er sich erst recht den Zorn Ahimsakas zuziehen, und dieser würde sein mörderisches Handwerk sofort bei ihm im Hause beginnen, zumal dieser um alle Reichtümer des Meisters wusste. Also sann er nach, wie er die bösen Kräfte des jungen Mannes instrumentalisieren könne und ihn dabei möglichst weit von seinem Haus wegbrächte. Er schmiedete einen teuflischen Plan.

Am nächsten Tag rief der Lehrer Ahimsaka zu sich: „Du hast praktisch alles gelernt, was ich dir beibringen kann. Es ist Zeit, dass du in dein Heimatland zurückkehrst."

„Aber Meister, ich möchte in höchste Staatsämter aufrücken, dafür bin ich noch nicht genug vorbereitet."

„Es gibt da etwas, was ich dir noch beibringen könnte, aber es gehört in den Bereich der *Schwarzen Kunst*. Wer diese beherrscht, der wird alle angestrebten Ämter erreichen, und der wird jeden Kampf gewinnen: vor Gericht, im Krieg und auch – naja, den anderen Kampf."

„Welchen anderen, Meister?"

„Nun eben den andern, verstehst du, er kann auch – jede Frau haben, die er will."

Das war nun wirklich ungeheuer viel: Prozesse gewinnen, im Krieg siegreich sein, jedes angestrebte Amt bekommen und darüber hinaus noch jede Frau, die er wollte.

„Was muss ich tun, Meister?"

„Nein, es ist gefährlich und nicht zumutbar, außerdem ist es höchst unmoralisch!"

„Was, Meister?"

„Du musst dir den Kranz verdienen, der nötig ist, um in die Schwärzeste aller Künste eingeweiht zu werden."

„Welchen Kranz, Meister?"

„Nun, es ist der Fingerkranz. Man muss dazu eine Kette aus Fingergliedern haben, aus Fingergliedern von Menschen, die man eigenhändig umgebracht hat. Von jedem Menschen aber nur ein einziges Fingerglied, insgesamt eine Kette mit tausend Fingergliedern, aber vergiss es nur gleich wieder, ich sage ja, es ist unzumutbar und außerdem höchst unmoralisch."

Inwieweit die Prophezeiung Anlass dafür war, inwieweit es die Verführungskunst des Meisters war, ich weiß es nicht, aber der junge Mann ging los, um sein Glück zu machen. So wurde aus Ahimsaka, dem Gewaltfreien, der Terrorist **Angulimala**, dieses Wort heißt Fingerkranz. Der Meister aber war sicher, den Jüngling nie wieder zu sehen, denn früher oder später würde er bei seinem blutigen Geschäft umkommen.

Zunächst lauerte Angulimala einzelnen Wanderern auf, brachte sie um, schnitt ihnen eine Hand ab, hing sie in einen Baum, dass die Krähen das Fleisch von den Fingern fraßen, nahm dann ein Fingerglied und fädelte es auf eine Schnur, die er um den Hals trug. Bald gab es jedoch keine einsamen Wanderer mehr. Angulimala verlegte sich auf den Überfall alleinstehender Gehöfte. Das hatte den Vorteil, dass es dort immer gleich mehrere Finger zu erobern gab.

Doch bald wurden auch die einsamen Gehöfte knapp. Also überfiel Angulimala kleine Dörfer und kleine Karawanen. Doch bald stellten die Kaufleute nur noch größere Karawanen zusammen und nahmen bewaffnete Wächter mit. Doch Angulimalas Stärke schien unbezwingbar. Einmal, so erzählt man sich, überfiel er eine Karawane von nicht weniger als 40 Personen, darunter sechs bewaffnete Soldaten. Er massakrierte alle.

Furcht und Schrecken verbreiteten sich im Lande Kosala. Angulimala zählte täglich die Finger auf seiner Kette. Er hätte eigentlich zufrieden sein können, denn die magische Zahl 1000 kam immer näher, doch in Angulimala stieg keine Freude auf, er sah allerdings auch keine Alternative. Er war der meistgesuchte Mann nicht nur in Kosala, sondern auch in den Nachbarländern, auf seinen Kopf stand eine hohe Belohnung, und er war sich inzwischen auch nicht mehr sicher, wie ihn sein Meister dort wieder herausbringen sollte. Allerdings gab es keine Alternative, die Todesstrafe war ihm sicher.

Beim letzten Zählen waren es 999 Finger, einer fehlte noch.

Da begab sich eine ältere Frau auf den Weg, der genau zu der Stelle führte, wo Angulimala auf sein letztes Opfer wartete. Es war Angulimalas eigene Mutter. Muttermord ist das Allerschlimmste, was sich ein Inder vorstellen kann und nach brahmanischer Vorstellung wird, wer einen Muttermord begeht, nur noch schlechte Wiedergeburten haben. Angulimala sah, wer da kommt. Aber es war ihm inzwischen egal: „Na gut," dachte er, „dann eben die Alte, was hat sie auch so ein Monster wie mich geboren."

Der Buddha allerdings sah mit seinem *himmlischen Auge* auch, was da geschah, und er begab sich zu der Stelle, wo Angulimala war. Als der Buddha durch das letzte Dorf kam, warnten ihn die Leute: „O Mönch, gehe nicht diesen Weg, dort ist der schreckliche Angulimala, er tötet jeden."

„Danke, für die Warnung", sagte der Buddha, „aber ich möchte mich selbst davon überzeugen." Die Bewohner des Dorfes schüttelten darüber nur den Kopf.

Angulimala sah, wie sich zwei Personen auf sein Versteck zu bewegten, seine Mutter von der einen Seite und dieser Mönch von der anderen.

„Warum sollte ich meine Mutter töten, wenn dieser nichtsnutzige, schmarotzende Bettler auch einen Finger hat", sagte sich Angulimala und ging auf den Buddha zu. Dieser sah Angulimala, machte kehrt und ging ruhigen Schrittes weg. Angulimala lief dem Buddha nach. Doch obwohl er so schnell rannte, wie er, ein junger durchtrainierter Mann, nur konnte - die Entfernung zum Buddha, der ganz gemütlich schlenderte, wurde nicht geringer.

„Bleib stehen, Mönch", rief Angulimala.

„Ich bin längst stehen geblieben", antwortete der Buddha gelassen und ging seelenruhig weiter.

Nun fing Angulimala an, an seinem Verstand zu zweifeln. Zwar hielt er absolut nichts von diesen gelbberobten Mönchen, aber man wusste, keiner dieser weisen Männer würde jemals lügen. Dieser Mönch ging, sagte aber, er sei stehen geblieben. Dieser Mönch schritt langsam, er aber konnte ihn nicht einholen. Hier geschah etwas, das größer war, als alles, was er bisher erlebt hatte und am erstaunlichsten: zum ersten Mal seit zwei Jahren war da jemand, der absolut keine Angst vor ihm, dem schrecklichen Angulimala, zu haben schien.

„Erkläre mir", rief Angulimala, „wieso du stehen geblieben bist, und ich sehe dich doch gehen."

„Nun", sagte der Buddha, „man kann jederzeit stehen bleiben. Du glaubst, du kannst mit dem Töten nicht aufhören. Ich aber sage dir: es geht, halte ein, bleib stehen. So wie auch ich mit dem Töten aufgehört habe, schon vor vielen Leben, ich bin stehen geblieben, jetzt bin ich ein heiliger Mann. Was ich erreicht habe, das kannst auch du erreichen."

„Ich bin sowieso verloren", entgegnete Angulimala, „sie werden mich töten."

„Du bist ein erbärmlicher Feigling, Angulimala. Ich sage dir: du kannst stehen bleiben, ich sage dir, was ich erreicht habe, das kannst auch du erreichen, Mann hab endlich etwas Mut."

Da fiel Angulimala unter Tränen auf die Knie und bat den Buddha, ihn als Schüler anzunehmen, auch wenn es nur für eine Stunde sei, denn er hatte gehört, dass König Pasenadi die Mobilmachung ausgerufen hatte, um ihn zur Strecke zu bringen.

„Komm und sieh selbst, Mönch", sagte der Buddha zu dem Mörder, der von nun an nicht mehr Angulimala hieß, sondern wieder Ahimsaka.

Buddha nahm Ahimsaka mit zu der Stelle, wo er mit einer Gruppe anderer Mönche lagerte, Ahimsaka bekam die Haare geschoren, den Fingerkranz abgenommen und eine Robe.

„Mach dich nützlich, tu etwas zum Wohl aller Wesen", wies der Buddha Ahimsaka an.

„Was kann ich tun?", fragte der.

„Es gibt viel zu tun, zum Beispiel sind eine Menge Nacktschnecken auf dem Weg. Ich erwarte heute ein großes Verkehrsaufkommen, trage sie vom Weg herunter, aber vorsichtig, damit du sie nicht verletzt." Und Ahimsaka tat wie im aufgetragen.

Kurz darauf erscholl ein großes Getöse von Trommeln, Pauken und Fanfaren. Der Kriegszug König Pasenadis, der in den Anti-Terror-Krieg gegen Angulimala ziehen wollte, näherte sich, der König ritt an der Spitze seiner Truppen. Natürlich erkannte der König den Buddha, den berühmtesten Weisheitslehrer seiner Zeit, schon von weitem, und er grüßte den Buddha ehrerbietig.

„Was soll der Lärm, König", fragte der Buddha, und Pasenadi entgegnete, dass er vorhabe, den Anti-Terror-Krieg in kurzer Zeit siegreich zu beendet. Der ärgste Terrorist, Angulimala, würde die Woche nicht überleben.

„Du solltest den Kampf nicht mit den Waffen suchen, sondern mit dem Geist, König, denn Gewalt hat noch niemals Gewalt besiegt, nur Liebe besiegt die Gewalt."

„Entschuldige, Buddha, aber vom Krieg verstehe ich mehr, es geht um einen notorischen Gewalttäter, einen Massenvernichter, er muss getötet werden."

„Sieh doch König, wie so friedlich sind meine Mönche, der da vorne sammelt zum Beispiel die Nacktschnecken ein, die du und deine Männer sicher gleich zertreten hätten, das ist wahre Gewaltlosigkeit, so erringt man Siege."

„Entschuldige Buddha, aber ich muss jetzt weiter, es geht schließlich um gefährliche Terroristen, nicht alle Menschen sind so harmlos wie dein Mönch, der Nacktschnecken rettet, es gibt schlimme Schurken auf der Welt."

„Dieser Nacktschneckensammler," entgegnete der Buddha, „hieß bis heute morgen Angulimala. Ich habe ihn besiegt. Ohne Gewalt. Mit Liebe. Jetzt ist er ein Mönch und wird bis zum Ende seiner Tage zum Wohle der Wesen arbeiten."

Noch nie hatte einem König vor Staunen und Entsetzen so lange der Mund offen gestanden wie König Pasenadi in diesem Moment. Erstens konnte er die Wendung der Dinge nicht begreifen, zweitens gab es ein ungeschriebenes Gesetz, wonach es keine Strafverfolgung für Mönche anerkannter religiöser Schulen gab, andererseits haftete der Leiter einer solchen Schule, hier also der Buddha, dafür, dass von den Mönchen keine Straftaten ausgingen. Dass aber ausgerechnet Angulimala ungestraft davonkommen sollte, war eine schwer nachzuvollziehende Sache. Dass umgekehrt der bekannteste religiöse Führer seiner Sache so sicher war, dass er praktisch für Angulimala haftete, war fast unglaublich.

„Ich habe dein Wort, Buddha?" fragte der König.

„Du hast mein Wort, König", antwortete der Buddha.

Mindestens genau so überrascht allerdings war Ahimsaka vom Verlauf der Dinge, er warf sich vor dem Buddha nieder und sagte: „Meister, du hast recht, man kann stehen bleiben."

„Ja", sagte der Buddha, „aber du musst nicht denken, damit wäre die Sache ausgestanden."

Der Buddha hatte recht, die Sache war damit nicht ausgestanden. Am nächsten Tag war **Almosengang**. Als die Leute sahen, dass der von Steckbriefen bekannte Massenmörder unter den Mönchen war, verbarrikadierten sie ihre Häuser. An diesem Tag bekam keiner der Mönche etwas zu essen. Ahimsaka spürte die hungrigen, vorwurfsvollen Blicke seiner Brüder auf sich, als die Mönchsgemeinde weiterzog.

„Im nächsten Dorf", sagte einer der Mönche zu Ahimsaka, „bleibst du weg, wir gehen alleine und geben dir etwas ab."

Der Buddha sah Ahimsaka an und dieser verstand: „Buddha, ich werde mich am **Almosengang** beteiligen, aber in einem anderen Ort, dann bekommen die anderen Mönche Nahrung, ich aber trage die Verantwortung für meine Taten."

So geschah es. Die Mönche bekamen in dem einem Dorf Nahrung, Ahimsaka aber stand im Nachbardorf vor verschlossenen Türen. Die Mönchsgemeinde blieb hier einige Tage, und Ahimsaka ging jeden Tag in sein Dorf, wo er nichts bekam. Er nahm von den anderen Mönchen keine Nahrung, sondern wartete hungrig ab, wie sich die Sache entwickeln würde. Auch die Dorfbewohner merkten, dass von dem früheren Mörder keine Gefahr mehr ausging und am vierten Tag trauten sich die ersten jungen Männer aus dem Haus, um mit Steinen nach Ahimsaka zu werfen.

Am fünften Tag dieser Almosengänge aber wurde es schlimmer. Ahimsaka schleppte sich an diesem Abend mühsam mit zerrissener Robe und blutüberströmt zurück zur Mönchsgemeinde. Als er den Buddha sah, rief er: „Meister, ich habe mich nicht gewehrt, sie hatten recht." Der Buddha aber entgegnete: „Heute hattest du großes Glück."

„Wieso Glück?" fragte Ahimsaka, während ihm zwei Mönche seinen gebrochenen Arm schienten.

„Nun", antwortete der Buddha, „es gelingt dir, *Karma* schon in diesem Leben abzuarbeiten." Ahimsaka lächelte, aber es war kein sehr fröhliches Lächeln.

In der nächsten Zeit gaben ihm die anderen Mönche von ihrer Almosenspeise ab. Damit war das rein physische Problem Ahimsakas gelöst, aber es gab noch ein anderes, tiefer gehendes Problem. Wann immer sich Ahimsaka zur Meditation hinsetzte, stiegen seine Untaten in sein Bewusstsein auf. Alles, was er vorher verdrängt hatte, dem musste er sich jetzt stellen. Und es ging ihm von Tag zu Tag schlechter. Der Buddha wartete auf eine günstige Gelegenheit, um einzugreifen.

***

Zu dieser Zeit hielten sich der Buddha und die Mönche in der Nähe eines kleinen Dorfes auf. In diesem Dorf lebte ein Handwerker mit seiner Familie. Seine Frau war hochschwanger, und die Wehen setzten ein. Ihre Mutter und ihre Schwestern waren bei ihr, um bei der Geburt des ersten Kindes zu assistieren. Jedoch war die Frau viel zu verkrampft. Je stärker die Wehen wurden, desto ängstlicher und verkrampfter wurde die Frau, und so konnte sich der Muttermund nicht für die Geburt öffnen. Sie schrie unter entsetzlichen Schmerzen und allen Anwesenden war klar, dass sie vermutlich Mutter und Kind verlieren würden. Der Kindsvater wusste nicht ein noch aus. Da sagte eine der Frauen zu ihm: „Der Buddha soll vor dem Ort sein."

Neue Hoffnung keimte in dem Mann auf, und er rannte zum Buddha und erklärte ihm hastig die Lage. - „Ich werde nicht selbst kommen," antwortete der Buddha, „aber ich schicke dir meinen besten Spezialisten für Fälle, wenn es um Leben und Tod geht. Gehe rasch zurück und bereite alles vor. Zwischen der Gebärenden und meinem Spezialisten, muss ein Laken gespannt werden, damit sie sich nicht sehen können – mein Spezialist ist schließlich ein Mönch und der Anblick einer Gebärenden wäre für ihn unschicklich. Das Laken soll von Frauen gehalten werden. Diese dürfen aber nur zu deiner Frau sehen, nicht zu dem Mönch, sonst funktioniert es nicht. Nur du darfst meinen Mönch sehen, aber deine Frau darf dich dabei nicht sehen und gib keinen Laut von dir, wenn dir das Leben von Frau und Kind lieb ist."

Der Mann eilte zurück, um alles vorzubereiten wie verlangt, denn von den Ritualen der **hindu**istischen **Brahmanen** wusste er, dass viele unverständliche Dinge zu erfüllen war, also wunderte ihn keine der Anweisungen.

Der Buddha aber ließ Ahimsaka zu sich kommen, schilderte ihm kurz die Sachlage und eröffnete ihm, dass er der Spezialist über Leben und Tod sei.

„Was, um Himmels willen, kann ich tun?" fragte dieser.

„Du gibst der Frau Vertrauen, indem du einen entscheidenden Satz sagst: `Alles ist gut, du und dein Kind werdet leben, so wahr ich seit meiner Geburt keinem Wesen ein Leid zugefügt habe.´"

Angulimala warf sich dem Buddha zu Füßen: „Meister, das kann ich nicht. Ich habe Hunderte getötet. Wenn ich das sage, und es in Erfüllung geht, dann sterben beide gleichen Augenblicks!"

„Gut," sagte der Buddha, „dann ändern wir deinen Satz um ein Wort, nur um ein einziges Wort. Du sagst: Alles ist gut, du und dein Kind werdet leben, so wahr ich seit meiner <u>edlen</u> Geburt keinem Wesen ein Leid zugefügt habe."

Angulimala verstand: seine edle Geburt, das war seine Ordination. Lautlos ging er in das Haus. Als der Kindsvater ihn sah, stand ihm das pure Entsetzen im Gesicht, das Leben seiner Frau und seines Kindes sollte in der Hand dieses Terroristen sein – er biss sich auf die Hand, um keinen Laut von sich zu geben.

Ahimsaka aber sagte zu der Gebärenden, er käme vom Buddha, der ihn gesandt habe, um ihr den heilenden Zauberspruch zu sagen, der ihr zu einer leichten Geburt verhelfe. Er sprach ruhig und trotz zitternder Knie mit fester Stimme den entscheidenden Satz. Dieser beruhigt die Frau tatsächlich, sie glaubte, die Kraft des Buddha selbst hinter diesen Worten zu spüren. So löste sich die Verkrampfung der Frau und eine Minute später war ein starkes Kind geboren.

An diesem Abend konnte Angulimala zum ersten Male wirklich meditieren. Er hatte seine edle Geburt angenommen. Er wusste jetzt, dass er im Moment seiner Ordination neu geboren war. Sieben Jahre später erreichte er die Erleuchtung.

Anmerkungen: Seit Ende des 20. Jahrhunderts gibt es eine erstaunlich erfolgreiche buddhistische Gefangenarbeit in Gefängnissen in Indien und England. Der Name dieses Unterfangens: Angulimala-Projekt.

Wenn dort diese Geschichte erzählt wird, kann man vermeintlich hartgesottene Mörder weinen sehen. Einige von ihnen schließen sich in Meditationsgruppen zusammen, in Gruppen derer, „die stehen geblieben sind".

Nandas 500 Jungfrauen
eine Geschichte aus dem Pali-Kanon
erzählt von Horst Gunkel

Nanda war ein Verwandter des Buddha Shakyamuni. Er war ein junger Mann, der etwas wenig zur Selbständigkeit neigte. Den Buddha hingegen nannte man auch den Führer der führungsbedürftigen Menschen, und Nanda war mit Sicherheit ein solcher führungs-bedürftiger Mensch. Er hatte zwar das spirituelle Potential zu einem erfolgreichen Mönch, aber nicht das Rückgrat, sich aus dem Elternhaus zu emanzipieren und dem Buddha zu folgen.

Aber auch Nandas Eltern waren nur allzu bereit, ihren Sohn zu führen, und sie hatten sein Leben schon genau verplant. Als nächster Schritt hatten seine Eltern für ihn die Ehe vorgesehen. Sie waren dabei durchaus fürsorglich und suchten für ihren Sohn eine Braut aus gutem Hause. Und sie hatten damit Erfolg! Mehr als das, die Braut, die sie für ihren Sohn ausgesucht hatten, war darüber hinaus noch besonders hübsch. Es wird gesagt, sie sei das schönste Mädchen aus *Shakya* gewesen, also gewissermaßen die Schönheitskönigin des kleinen Landes, aus dem der Buddha stammte. Shakya hatte damals etwa die Einwohnerzahl wie heute Luxemburg. Auch wenn wir es vielleicht nicht ganz wörtlich nehmen müssen, dass sie das allerschönste Mädchen aus Shakya war, können wir doch davon ausgehen, dass sie sehr hübsch gewesen sein muss, also in jeder Hinsicht eine gute Partie für Nanda.

Viele jüngere Verwandte des Buddha waren diesem inzwischen in die Hauslosigkeit gefolgt. Andere überlegten noch, ob Familie oder Mönchsstand das richtige für sie sei. Für Nanda bedeutete die bevorstehende Eheschließung also gewissermaßen den Scheide-weg. Und ich denke mir, wenn man denn als junger Mann abwägen muss, zwischen einerseits einem Leben auf der Straße, in der Hauslosigkeit, abhängig von erbettelter Nahrung und einer nächtlichen Ruhestatt am Fuße eines Baumes, wo sich Skorpione, Kobras und vielleicht sogar Tiger einstellen können und andererseits ein Leben im Haus, mit guter regelmäßiger Nahrung und einem weichen nächtlichen Bett mit einem der schönsten Mädchen des Landes darin, fällt die Entscheidung den meisten nicht allzu schwer. Meditation im Freien in der Regenzeit oder heiße Liebesnächte mit einer Schönheit - welche Alternative!

Dennoch schien Nanda so etwas wie ein schlechtes Gewissen zu haben, denn kleinlaut fragte er den Buddha, ob er denn auch zur Vermählung käme. Die Eheschließung war in Indien damals - und übrigens nicht nur damals - immer ein großes Ereignis mit einer entsprechenden Feier, als deren Höhepunkt die eigentliche Vermählung stattfand. Als der Buddha der Einladung schweigend - wie das so seine Art war - zustimmte, war Nanda froh: der große weise Mann schien ihm nicht gram zu sein, vielmehr schien er die Hochzeit zu akzeptieren, vielleicht hatte er ja sogar Verständnis dafür, dass Nanda den Schoß einer jungen Frau der Bettelschale vorzog.

Am Hochzeitstag gab es als Auftakt das übliche Festessen und der berühmte Gast, der Buddha, durfte neben dem Bräutigam sitzen, an der anderen Seite saß natürlich die Braut. Doch schon bald, das Fest war noch im vollen Gange und hatte längst noch nicht seinen Höhepunkt, die feierliche Einsegnung des jungen Paares erreicht, da verabschiedete sich der Buddha.

Nanda war betrübt: "Aber *Erhabener*, bleibt doch noch etwas!"

"Nein, Nanda, die Mönche erwarten heute noch eine Lehrrede von mir."

"Möchte der Erhabene noch etwas mitnehmen, vielleicht etwas zu essen für die Mönche?"

"Nein danke, Nanda, es ist guter Brauch, dass die Mönche nach der Mittagsstunde keine Nahrung mehr zu sich nehmen."

"Kann ich sonst vielleicht noch irgendetwas für Euch tun, Erhabener?"

"Ja, Nanda, du kannst mir die Bettelschale ein Stück des Weges tragen."

Nanda und der Buddha gingen die Straße entlang. Nanda, der eigentlich erwartet hatte, dass der Buddha ihm noch etwas sagen wollte, vielleicht ein paar Tipps für das Eheleben, hatte sich getäuscht, der Buddha schien nicht mit ihm reden zu wollen, stattdessen schmunzelte er nur, als ob ihn irgend etwas amüsiere. Jetzt waren sie schon über zwei Meilen gegangen, und noch immer hatte der Buddha nicht die erlösenden Worte gesagt, auf die Nanda so wartete: "Es ist gut Nanda, gib mir die Schale und viel Spaß mit deinem schönen Shakya-Mädchen."

Und Nanda seinerseits traute sich nicht, von sich aus etwas zu sagen. Inzwischen verließ der Buddha sogar die Straße und bog in einen schmalen Pfad in Richtung eines Wäldchens ein. Spätestens hier hatte Nanda erwartet, endlich entlassen zu werden. Nicht gerade begeistert, aber folgsam, wie es so seine Art war, ging Nanda jetzt hinter dem Buddha drein. Einerseits war es natürlich schön, in Begleitung dieses großen Weisen zu sein, der so viel positive Energie ausstrahlte, und Nanda hätte das auch gern zu jeder anderen Zeit genossen, aber andererseits war da dieses schöne Shakyamädchen, "Liebster, bleib nicht so lange!" hatte sie gesäuselt, als er mit dem Buddha aufgebrochen war. Nur allzu gern wäre er sofort zurückgerannt, hätte ihr seidenweiches Haar gestreichelt, ihre jungen, vollen Brüste liebkost... Aber stattdessen stolperte er hinter dem Buddha her, als sie das Wäldchen betraten.

Bald kamen sie bei den Mönchen an. Nanda trat verlegen von einem Fuß auf den anderen und stammelte: "Ja, also... ähh, dann..." Der Buddha sah, dass dieser junge Mann noch immer nicht in der Lage war, klar gemäß seinen Bedürfnissen zu entscheiden und die Konsequenzen einer Entscheidung zu tragen. Also übernahm der Buddha die Initiative, er, der Führer der führungsbedürftigen Menschen. "Ordiniert ihn!" wies er kurz die Mönche an und zog sich in die Meditation zurück.

Nanda stand mit hochroten Kopf da und wusste nicht, wie ihm geschah, doch als es dunkel wurde, war er ordiniert, hatte eine gelbe Robe an und sein Kopf war inzwischen kahlgeschoren. Er hatte artig die dreifache Zufluchtsformel gesprochen: "Buddham saranam gacchami (zum Buddha nehme ich meine Zuflucht), dhammam saranam gacchami (zur Lehre der Buddhas nehme ich meine Zuflucht), sangham saranam gacchami (zur Gemeinschaft derer, die diese Lehre praktizieren, nehme ich meine Zuflucht)." Er tat dies alles, ohne zu widersprechen. Und in der Nacht lag er am Fuße eines Baumes statt in den Armen des schönsten Shakya-Mädchens und Tränen rannen über seine Wangen. Aber es waren keine Freudentränen über die erfolgte Ordination und das nun vor ihm liegende zölibatäre Leben, sondern bittere Tränen der Sehnsucht und des Verlangens.

Und auch die Meditationen wollten Nanda in den nächsten Tagen keineswegs glücken. Statt sich in der Meditation auf seinen Atem zu konzentrieren, darauf, wie seine Bauchdecke sich beim Einatmen hob und beim Ausatmen senkte, sah er die liebreizende Bauchdecke des schönsten Shakyamädchens sich heben und senken, sah wie sich mit jedem Atemzug ihre jungen Brüste hoben und senkten, wie sie verlockend ihre sinnlichen Lippen für ihn öffnete und hauchte: "Liebster, bleib nicht so lange!"

Nach einigen Tagen war es so weit: er klagte den Mönchen sein Leid, und diese wiederum informierten den Buddha, der Nanda zu sich rief.

"Nanda, ist es wahr, dass dir das heilige Leben keine Freude macht?"

"Ja, Herr, so ist es."

"Ist es so, Nanda, dass dir die körperlichen Vorzüge deines Shakya-Mädchens verlockender erscheinen als das heilige Leben?"

"Ja, Herr, es ist wahr, ihr seidenweiches Haar, ihre schelmisch blitzenden Augen, ihre vollen roten Lippen, der straffe junge Körper, ihre Brüste - jung und fest und doch voll - ihr Bauchnabel, mit einem Edelstein verziert, und ihre langen schönen Beine gehen mir nicht aus dem Sinn. Ich will bei ihr sein, sie liebkosen, mich ihr hingeben."

"Ist das alles?" fragte der Buddha.

"...?"

"Nur dieses eine Mädchen, sonst nichts, darf's nicht vielleicht ein bisschen mehr sein?" fragte der Buddha mit einem freundlichen, verständigen Lächeln, gerade so als wolle er ihm mehr Sex bieten.

"Wie... ähm ... wie meint Ihr das?" fragte Nanda verwundert.

"Komm mit", sagte der Buddha, nahm Nanda an der Hand und erhob sich zu dessen Verwunderung mit ihm in die Lüfte. Man erzählte sich ja die tollsten Geschichten vom Buddha, aber das...

Rasch, wie ein starker Mann den rechten Arm anziehen kann oder wie er seinen rechten angezogenen Arm wieder strecken kann, gelangten sie in ein himmlisches Reich. Nanda wusste nicht, wie ihm geschah, ob er wachte oder ob er träumte, aber er sah sich plötzlich in wunderbaren Gefilden, in einem riesigen Garten mit unzähligen betörend duftenden Blumen, Springbrunnen plätscherten, muntere

Wasserfälle ergossen ihr Wasser über die Berge im Hintergrund, und verspielte Schmetterlinge taumelten in den Lüften in fröhlichem Liebesspiel. Sanft erklang himmlische Sphärenmusik und alles war von einer wunderbaren Farbigkeit, wobei eindeutig die Pastelltöne dominierten. Und das schönste von allem: dieser paradiesische Garten war bevölkert von zahlreichen wunderschönen *Nymphen*, himmlischen Jungfrauen. Männer gab es (außer dem Buddha und Nanda) keine.

Der Buddha musterte Nanda amüsiert, dem vor Staunen fast die Augen herausfielen. Diese Jungfrauen waren nun mit Sicherheit das Schönste, was man sich überhaupt nur vorstellen kann, und sie waren alle sehr leicht bekleidet, und was die spärliche, dünne Kleidung verhüllte, das hob sie eher hervor als dass sie es verbarg. Einige der Jungfrauen tanzten um Nanda herum, ihre Haare flogen im Wind, ihre jungen festen Brüste hüpften dabei auf und ab und die dünnen Schleier um ihre Hüften hoben und senkten sich mit ihrem leicht beschwingten Tanz. Am meisten aber war Nanda beeindruckt von ihren Füßen, die er gut sehen konnte, denn die Nymphen sprangen tänzelnd wie Ballerinas in die Luft, allerdings irgendwie in Zeitlupe. Solche Füße gab es bei irdischen Mädels nicht. Die Mädchen, die Nanda kannte, hatten meist derbe Füße, denn gewöhnlich ging man barfuß, und selbst die edelsten Prinzessinnen hatten zumindest einen Anflug von Hornhaut an ihren Füßen. Diese Jungfrauen aber hatten völlig rosig zarte Füßchen, als wären die Nymphen ihr ganzes Leben lang nur auf Rosenblättern gewandelt. Nanda sah sich im Geiste in den Armen dieser Schönheiten, den Kopf an den Busen der einen gelehnt, eine andere im Arm und eine dritte massierte mit ihren zarten Händen seinen Oberkörper mit einer wohlriechende Salbe, eine andere mit ihren süßen Füßen seinen... Nein es war zu toll!

"Gefallen sie dir?" fragte der Buddha.

"Sie sind himmlisch!"

"Was gefällt dir denn besser, eine von denen oder dein Shakya-Mädchen?"

"Herr, jede von diesen ist hundert Mal schöner als mein Shakya-Mädchen."

"Gut," sagte der Buddha, "du kannst sie haben!"

"Wie denn, Buddha, du meinst ich kann mir eine dieser wundervollen Jungfrauen aussuchen?"

"Nicht eine, Nanda, alle! Du kannst sie alle 500 haben!"

"Das kann nicht Euer Ernst sein, Herr!"

"Doch, Nanda, du kannst sie alle haben, sowie du erleuchtet bist."

"Ihr meint, Herr, wenn ich dem Pfad folge, den ihr aufgezeigt habt, meine Meditation perfektioniere und die Verwirklichung erreiche, kann ich alle diese Jungfrauen besitzen?"

"Ja, Nanda, kein Problem, alle fünfhundert!"

Der Buddha nahm Nanda beim Arm und schon waren sie wieder im Wäldchen auf der Erde. Diese Nacht konnte Nanda wieder nicht schlafen, diesmal jedoch nicht vor Trauer, sondern vor Erregung. Als schließlich der Morgen graute, kam ihm jedoch ein furchtbarer Verdacht. Ob er vielleicht alles nur geträumt hatte? Schließlich ist es nicht üblich, durch die Lüfte zu fliegen und eine Spritztour in den Himmel zu machen. Von Stunde zu Stunde stiegen seine Zweifel, schließlich fasste sich Nanda ein Herz und ging zum Buddha.

"Ach, Herr," fragte er, "sagt, wenn ich diese Meditation erfolgreich durchführe und eines Tages erleuchtet bin..." Er musste nicht zu Ende reden, der Buddha wusste, welche Zweifel ihn plagten.

"Ja, Nanda, dann kannst du alle 500 Nymphen haben, alle." Es war also wirklich war! Nanda strahlte bis über beide Ohren, als er zur Meditation ging.

Ob es allerdings geschickt war, was Nanda außer der Meditation noch machte, ist mehr als fraglich. Er erzählte den Mönchen nämlich bei jeder sich bietenden Gelegenheit, dass der Buddha ihm 500 **Nymphen** mit rosigen Füßen versprochen habe. Außerdem bemühte er sich, allen die körperlichen Vorzüge - und zwar nicht nur, was die Füße betraf - seiner künftigen Gespielinnen aufs Detaillierteste zu schildern. Die Mönche begannen Nanda zu meiden. Die einen, weil sie ihn für bekloppt hielten, die anderen, weil er Gefühle in ihnen weckte, die sie gerade zu überwinden versuchten.

So hörte er auf, davon zu erzählen. Er stellte außerdem fest, je mehr er sich die körperlichen Vorzüge der Nymphen und die herrlichen erotischen Abenteuer, die ihm bevorstanden, vorstellte, desto schlechter verlief seine Meditation. Also entschied er sich erst zu meditieren und die Vorzüge der körperlichen Liebe auf später zu verschieben, dann aber wollte er sie voll auskosten! So wurde aus Nanda ein ordentlicher Mönch und das Shakya-Mädchen hatte er darüber ganz vergessen.

Jahre später begegnete der Buddha Nanda wieder. Nanda strahlte eine Souveränität, eine Ruhe und eine Gelassenheit aus wie nur ganz wenige Mönche. Der Buddha schmunzelte. Nanda ging freudig auf den Erhabenen zu: "Herr, habt vielen Dank."

Der Buddha schwieg und sah Nanda an, als warte er gelassen auf den nächsten Satz.

Und Nanda schmunzelte auch, als er ihn sprach: "Und, Erhabener, was euer Versprechen bezüglich der 500 Nymphen angeht - ich entlasse Euch aus Eurem Versprechen." Der Buddha nahm´s mit Wohlgefallen auf.

"Nur eine Frage noch, Herr," erkundigte sich Nanda, " ein Buddha spricht immer die Wahrheit und Ihr habt mir damals diese 500 Nymphen versprochen. Was, wenn ich Euch nicht aus Euren Versprechen entlassen hätte?"

"Aber, Nanda, ein Erleuchteter lügt nie, wie du richtig sagtest. Aber jeder würde mich, sobald er erleuchtet ist, aus einem solchen Versprechen entlassen."

Beide schmunzelten. Dann verbeugten sich die beiden Erleuchteten voreinander.

Sariputtas letzter Sieg
eine Geschichte aus dem Pali-Kanon
erzählt von Horst Gunkel

Einer der beiden Hauptjünger des Buddha war *Sariputta*. Er trägt auch die Ehrenbezeichnung „Marschall der Lehre", denn er war es, der die Lehrreden und Vorträge des Buddha schon zu dessen Lebzeiten systematisierte. Ihm unterlag die Betreuung vor allem der jüngere Mönche, die die in mnemotechnisch geschickter Form erzählten Sutren (die Lehrreden) auswendig lernten, rezitierten, diskutierten und kontemplierten. Manchmal wird behauptet, so wie die Person Jesu ohne das Werk Petri verloren gegangen wäre, so wäre auch die Lehre des Buddha ohne die Arbeit Sariputtas schon bald in Vergessenheit geraten.

Sariputta entstammte einer wohlhabenden *Brahmanen*-Familie. Während in der patriachalisch organisierten Gesellschaft des alten Indien der Mutter normalerweise eine eher untergeordnete Rolle zukommt und der Vater die gesellschaftlich dominante Rolle spielt, scheint es in Sariputtas Elternhaus anders gewesen zu sein. Möglicherweise war seine Mutter die einzige Tochter aus einer sehr wohlhabenden Familie, während ihr Mann als eine Art Prinzgemahl eingeheiratet hatte. Indiz dafür ist Sariputtas Name, was „Sohn der (Rupa)Sari" heißt.

Einst waren Sariputta und sein Freund Moggalana aufgebrochen um die Wahrheit zu suchen. Nach vielen Jahren trafen sie den Buddha und erkannten in ihm den wahrhaft Erleuchteten. Sie schlossen sich dem Buddha an und wurden zu dessen Hauptjüngern. Sie gewannen Einfluss auf die Entwicklung der Sangha und starben kurz hintereinander und kurz vor dem Buddha um das Jahr 480 v. u. Z.

Während Sariputta bis heute zu den großen Weisheitsgelehrten gehört, galt er für seine erfolgreiche Mutter als Versager. Er hätte ein angesehener Politiker oder einflussreicher Kaufmann werden können, und doch zog er das mittellose Leben auf der Straße, die Existenz als Bettelmönch einer gesellschaftlichen Karriere vor.

Aus Sicht der Mutter vielleicht noch schlimmer war die Tatsache, dass mit Sariputta nicht nur einer ihrer Söhne dem normalen gesellschaftlichen Leben entzogen war, sondern sechs weitere. Sariputta nutzte die Gelegenheiten, bei denen er in seiner Heimatstadt vorbeikam, um seine Familie zu besuchen. Seine Mutter freute sich zwar immer, ihn wiederzusehen, reagierte aber mit heftigen Vorwürfen.

„Ach, der Herr Sohn gibt sich auch einmal wieder die Ehre. Komm rein. Lass uns deine Rückkehr feiern. Ich hoffe doch, du hast genug von dem ärmlichen Leben auf der Straße. Bist du endlich gekommen, das Leben zu führen, das dir zusteht?"

„Nein, Mutter, ich war nur gerade in der Gegend und wollte es nicht versäumen, dich und meine Brüder zu besuchen. Ich dachte, es würde euch freuen, mich wieder zu sehen."

„Natürlich freut es mich, dich wieder zu sehen. Aber wieso willst du denn wieder weg? Nun gut, du sagst, du hättest die Wahrheit gefunden. Schön, nimm sie, aber komm endlich zurück, du gehörst nicht zu den Bettlern und Unberührbaren auf die Straße, du bist von nobler Herkunft. Und wie du wieder aussiehst. Hast du denn keine elegantere Kleidung? Soll ich dir etwas anfertigen lassen? So kannst du doch nicht unter die Leute gehen!"

Die Besuche bei seiner Mutter waren anstrengend. Und doch unternahm er sie immer wieder, in der Hoffnung auch seiner Mutter etwas von der Schönheit und der Erhabenheit der Lehre des Buddha vermitteln zu können. Doch leider sperrte sie sich völlig für die Inhalte dieser Lehre. Sie schien nur an Vordergründigem und Äußerlichem interessiert zu sein. Ein so guter und geduldiger Lehrer er den Mönchen war, ein so erfolgloser aber geduldiger Weiser war er in den Begegnungen mit Rupasari, seiner Mutter.

Doch während Rupasari immer sofort abblockte, wenn er auf die Lehre zu sprechen kam, interessierten sich seine Brüder dafür, was das denn war, wovon Sariputta so fasziniert war, dass er das Luxusleben hinter sich gelassen hatte und in die Armut gezogen war. Wenn ihre Mutter nicht zugegen war, ließen sie sich daher von Sariputta in die Geheimnisse des *Dharma* einweihen. Und hier hatte Sariputta Erfolg. Wenn er seine Heimat wieder verließ, pflegten sich ein oder zwei seiner Brüder ihm anzuschließen. So war Rupasari schließlich die Mutter von sieben Erleuchteten (was Weltrekord sein dürfte), jedoch todunglücklich darüber, dass sie alle ihre Söhne verloren habe.

Sariputta hatte sich schon oft die Frage gestellt, ob es seiner Mutter an irgend etwas fehlte, um auch von Buddha, Dharma und *Sangha* überzeugt zu werden. Doch er erkannte bei genauerem Überlegen, dass sie alle Eigenschaften hatte, um unwieder-bringlich auf den Weg zur Erleuchtung zu gelangen. Ihr, der er so viel verdankte – sein Leben, sie war die Mutter, die ihn gesäugt hatte – wollte er helfen, wie er so vielen Menschen geholfen hatte, und doch hatte es bisher nie funktioniert. Der Grund schien darin zu liegen, dass es für sie eine unabdingbare Voraussetzung zum Zuhören zu sein schien, dass er wieder zurück in sein Elternhaus ging, dass er dem Leben auf der Straße entsagte.

So kam ihm im letzten Lebensjahr des Buddha ein Gedanke. „Der Erhabene ist alt und krank", sagte er sich, „nicht mehr lange wird der Buddha unter uns sein. Was ist mit mir? Geziemt es sich für die Hauptjünger des Buddha vor ihm oder nach ihm zu sterben?"

Er kam zu der Ansicht, dass die Hauptjünger vor dem Buddha sterben würden. Dann betrachte er seinen Körper und seinen Geist in der Meditation und erkannte, dass ihm nur noch wenige Wochen verblieben waren.

Also begab sich Sariputta mit 500 seiner Schüler zum Buddha und sprach: „O Herr, die Zeit für mich ist da, ins *Parinibbana* eintreten zu dürfen, möget Ihr mir die Erlaubnis dazu erteilen, ich habe die Lebenskraft aufgegeben."

Der Buddha sah Sariputta eine Weile schweigend an, dann nickte er und sagte: „Wo willst du das Parinibbana erreichen?

„Im Lande *Maghada*, im Dorfe Nalaka, in dem Zimmer, in dem ich geboren wurde."

„Tu, was du tun musst, Sariputta, aber halte den Mönchen eine letzte Rede, sie werden nicht mehr das Glück haben, einen Mönch wie dich zu hören."

Nach der Rede und dem Abschied vom Buddha und von der Mehrheit der Mönche machte sich Sariputta mit nur wenigen Mönchen im Gefolge auf den Weg nach Nalaka. Doch unterwegs schlossen sich ihnen weitere an.

Am Stadttor von Nalaka traf es seinen Neffen Uparevatta und fragte: „Ist deine Großtante zu Hause?"

Und als dieser bejaht hatte, trug er ihm auf: "Sag deiner Großtante, dass ich da bin. Bitte sie, mein Geburtsszimmer herzurichten und teile ihr mit, ich brauche Unterkunft für fünfhundert Mönche."

Rupasari wunderte sich: „Warum braucht er Unterkunft für so viele? Will er denn in seinem hohen Alter wieder Laie werden und seine Freunde auh davon überzeugen, in den Laienstand einzutreten?"

Sie ließ das Lager für die Mönche bereiten und richtete das Geburtszimmer her. Doch kaum dass Sariputta eingetroffen war, befiel ihn eine schwere Krankheit, die Ruhr, und er hatte arge Schmerzen.

Rupasari, die gerade ihren Sohn heimkehren sah und ihn jetzt so leidend vorfand, war in einem Wechselbad der Gefühle. Und dies um so mehr, als sich merkwürdige Dinge ereigneten: Viele hohe Wesen erschienen, um Sariputta zu sehen, Wesen mit königlicher Kleidung, Wesen, die ein Strahlen umgab. Und wenn sie sie fragte, was sie denn des Weges führte, so sagten diese: "Wir wollen deinen kranken Sohn während seiner Krankheit pflegen."

Rupasari war höchst verwundert ob dieser edlen Besucher, die so offensichtlich ihrem Sohne, den sie immer für einen einfachen Bettler hielt, zu dienen. Schließlich ging sie zu ihrem Sohne und erkundigte sich, wer diese Leute seien.

„Es sind die **Vier Großen Könige** Mutter."

„Sie sind gekommen, um dir zu dienen? Bist du denn größer als sie?"

„Sie sind wie Tempeldiener."

Ehrfürchtig zog sie sich zurück.

Und als ein noch wunderbareres Wesen erschienen und wieder gegangen war, fragt sie abermals:

„Sariputta, wer war denn das?"

„Da war Sakka, der König der **Devas**."

„Bist du denn größer als der König der mächtigen Devas?"

„Er ist wie ein Novize, der die Habseligkeiten eines Mönches trägt."

So ging es noch einige Zeit fort.

Schließlich kam ein Wesen von außergewöhnlichem Glanz. Und abermals erkundigte sie sich.

„Aber Mutter, den müsstest du als Hindufrau doch kennen, das ist Maha **Brahma**, der höchste Gott der *Hindus*, den ihr den Schöpfer des Himmels und der Erde nennt."

Da dachte sie sich: „Wenn selbst der höchste Gott ganz Indiens kommt um meinem Sohn zu dienen, wie mächtig muss dann erst sein Meister, dieser Buddha sein?" Und plötzlich durchfuhr sie ein nie gekanntes Glück und eine tiefe Freude.

Sariputta aber erkannte: „Glück und Freude sind in ihr entstanden, jetzt ist die Zeit gekommen, ihr den Dharma zu lehren."

So lehrte Sariputta seiner Mutter den Dharma. Da seine Lehrkraft gewaltig und ihr Herz offen war, erreichte sie noch während der Belehrung den Punkt, von dem an ein Erreichen der höchsten Erleuchtung sicher ist, den *Stromeintritt*. Und verwundert sagte sie: „Mein Lieber, warum hast du mir all die Jahre dieses köstliche Wissen, das die Schönheit jenseits von Tod und Leben zeigt, vorenthalten?"

Sariputta antwortete nichts. Er lächelte. Er sagte nie wieder etwas. Es war die Nacht seines Todes. Aber er dachte bei sich: „Es ist gelungen. Was ich so lange versuchte, es ist endlich geglückt. Ich habe meiner Mutter, das Stillgeld dafür gezahlt, dass sie mich großgezogen hat. Sie hat mir das Beste gegeben, was sie hatte, Leben und Fürsorge. Jetzt habe ich ihr das Beste gegeben, das ein Mensch nur geben kann: den Dharma."

Mallika, das Girlandenmädchen
eine Geschichte aus dem Pali-Kanon
erzählt von Horst Gunkel

Zur Zeit des Buddha lebte in Indien ein Mädchen namens Mallika, Tochter eines Girlandenmachers. Noch heute schenken die Menschen in Indien ihren Freunden gerne Blumengirlanden zum Willkommensgruß, aber auch vor 2500 Jahren gehörten solche Blumenkränze zu den beliebtesten Dekorationen. Natürlich ist der Beruf des Girlandenmachers nicht gerade der allerangesehenste Beruf, und das bedeutete, dass er in Indien von Menschen aus einer niederen Kaste ausgeübt wurde. Mallika war also ein einfaches Mädchen, und die sozialen Schranken, die das *Kastensystem* darstellten, sollten vermuten lassen, dass Mallika Zeit ihres Lebens diese *Kaste* nicht verlassen sollte.

Mallika war ein besonders schönes Mädchen von 16 Jahren. Ich bin nicht ganz sicher, ob Malika wirklich 16 Jahre alt war, wie es in den Texten steht. Wann immer von besonderer jugendlicher Schönheit im alten Indien berichtet wird, sind die entsprechenden Personen 16 Jahre alt. Auch die *Bodhisattvas* werden meist als 16-jährige Jünglinge oder Jungfrauen beschrieben. Dann wissen die indischen Hörer (oder Leserinnen) schon, dass es sich um eine besonders knackige Schönheit handelt.

Auf jeden Fall war Mallika eine Frau in der Blüte ihrer Jugend, und sie wollte mit ihren beiden Freundinnen draußen vor der Stadt ein Picknick machen, denn es war ein schöner, warmer, sonniger Tag. Für das Picknick hatte sie drei Portionen *Pilaw* dabei.

Als Mallika gerade das Stadttor ihrer Heimatstadt Savatthi passieren will, kommt ihr eine Gruppe von Mönchen entgegen. Besonders einer dieser gelbberobten Männer sticht Mallika ins Auge: ein älterer Mann der eine ungeheure Ruhe und Erhabenheit ausstrahlt. Mallika ist ungemein beeindruckt, vielleicht so ähnlich wie Teenager unserer Zeit von einem Popstar, der ihr Idol ist. In ihrer Begeisterung geht Mallika auf diesen Mann zu – es war niemand anderes als der Buddha – verneigt sich vor dem Heiligen und schüttet ihm alle drei Pilaw-Portionen in die Almosenschale. Dann wirft sie sich dreimal vor dem

Buddha in den Staub nieder, um ihre Verehrung kundzutun. Allerlei Volk steht herum und betrachtet diese Szene.

Der Buddha sagt nichts. Er lächelt.

Ananda, der Freund und Helfer des Erhabenen, wundert sich, denn es ist ungewöhnlich, dass der Buddha so lächelt: „Was erfreut euch derart, Meister?"

„Es erfreut mich, Ananda," sagt der Buddha, „dass dieses junge Wesen noch heute die Früchte des guten *Karma* ernten wird. Wahrlich, ich sage dir, noch heutigen Tages wird sich dieses Mädchen in eine Königin verwandeln."

Ananda war erstaunt, aber er hatte es sich längst abgewöhnt, sich über die Prophezeiungen des Buddha wirklich zu wundern. Die Umstehenden hingegen waren umso verwunderter, doch war man einhellig der Meinung, dass dies nicht sein kann. Ein Mädchen aus solch einer niedrigen Kaste würde niemals eine Königin werden. Manche hielten den Buddha einfach für einen Sprücheklopfer. Andere waren der Ansicht, das habe der Buddha im übertragenen Sinne gemeint: Mallika sei den Rest des Tages glücklich wie eine Königin, wegen der für sie so wichtigen Begegnung. Auch Mallika neigte zu dieser Ansicht und sie ging frohen Herzens spazieren, sie war so glücklich, dass sie lauthals ihre Lieblingslieder trällerte.

Völlig unglücklich jedoch war an diesem Tage König Pasenadi, der Herrscher des vereinigten Königreiches von Benares und *Kosala*, denn das Kriegsglück war ihm nicht hold gewesen. Kosala befand sich damals im Krieg mit *Magadha*, und König *Ajatasattu* von Maghada, der seinen eigenen Vater getötet hatte, um sich früher die Königswürde zu sichern, hatte eine Schlacht gegen *Pasenadi* gewonnen.

Ein völlig bedrückter König Pasenadi reitet also durch das Stadttor von *Savatthi*, als er eine Stimme hörte, die so lieblich, so entzückend klang, dass er kaum glauben konnte, dass dies die Stimme eines menschlichen Wesens sein sollte. Es war natürlich Mallika, die frohen Herzens nach der wunderbaren Begegnung mit dem Buddha aus voller Leibeslust sang.

König Pasenadi vergisst augenblicklich sein Kriegsunglück, als er des schönen Mädels ansichtig wird. Der König geht auf das wunderhübsche Wesen zu und fragt sie direkt, ob sie bereits verheiratet oder noch zu haben sei. Nachdem Mallika ihm gestand, noch Jungfrau zu sein, hielt er sofort um ihre Hand an und noch selbigen Tages nahm er sie zu seiner Frau – seiner Hauptfrau sogar, denn Könige hatten damals gewöhnlich mehrere Frauen.

Das ungewöhnliche Ereignis spricht sich in Savatthi herum wie ein Lauffeuer – und auch die Tatsache, dass der Buddha bereits am Morgen diese Sensation vorhergesagt hatte, dass er etwas von Karma gesagt hätte, nachdem Mallika ihm drei Portionen Reis gespendet hatte. Dies hatte übrigens sehr günstige Auswirkungen für die Sangha, für den Mönchsorden des Buddha, denn die Menschen fühlten sich zu Dana, zu Gebefreude angespornt, und noch nach Jahrzehnten wurden die buddhistischen Mönche hier immer reichhaltig von den Stadtbewohnern versorgt – völlig uneigennützig natürlich...

Da Mallika eine realistische junge Frau ist, weiß sie, dass der König gewiss nicht um sie gefreit hätte, wenn sie hässlich gewesen wäre, selbst wenn sie dem Buddha 30 Portionen Reis gespendet hätte. Diese Tatsache geht Mallika immer wieder in ihrem Kopf herum, und als der Buddha das nächste Mal in der Stadt ist, fragt sie ihn, warum manche Frauen schön sind und andere hässlich, warum manche dieses und andere jenes Schicksal hätten.

„Das ist keine Frage des Schicksals," antwortet der Erhabene, „es ist auch keine Sache des Zufalls und auch Vererbung spielt hier nicht die entscheidende Rolle, sondern es ist eine Frage des Karma. Wer sich durch Geduld und Freundlichkeit auszeichnet, der wird Schönheit bekommen. Wer sich durch Großherzigkeit vortut – wie du damals Mallika, als du mir den ganzen Reis gabst – der wird Reichtum ernten, und wer eine Meisterin der Neidlosigkeit ist, diese wird mächtig werden."

Ich bin nicht ganz sicher, ob dies für das nächste Leben zutrifft. Aber dass solches *Karma* mittel- bis langfristig in diesem Leben wirkt, das habe ich schon oft beobachten können. Warum also nicht, wenn es Wiedergeburt gibt, auch über dieses Leben hinaus?

Mallika ist beeindruckt von den Worten des Buddha, und sie beschließt all´ das zu üben, was der Buddha ihr empfohlen hat: Geduld, Freundlichkeit, Großherzigkeit und Neidlosigkeit. Und Mallika bekommt schon bald Gelegenheit, all dies zu üben. König Pasenadi nimmt sich nämlich eine zweite Hauptfrau und diese gebiert ihm einen Sohn, während Mallika "nur" Mutter eines Mädchens wird, was nach damaliger indischer Ansicht nur ein mäßiges Verdienst war. Mallika aber übt Geduld, Freundlichkeit, Großherzigkeit und Neidlosigkeit und die beiden Frauen vertragen sich so wie gute Freundinnen – was gewiss in solchen Fällen nicht unbedingt der übliche Gang der Dinge ist.

Mallika übt auch auf König Pasenadi einen guten Einfluss aus, sie gewinnt ihn nämlich für den Dharma, die Lehre des Buddha. Als der König in einer Nacht mehrere höchst beunruhigende Träume hat, schickt sie ihn zum Buddha, um sich die Träume deuten zu lassen. Der Erhabene deutet ihm die Träume und erläutert ihm, dass er, König Pasenadi, dabei sei, sich sehr schlechtes Karma zu machen mit dem bevorstehenden Opferfest. Es sollen nämlich beim Brandopfer zahlreiche Tiere und auch vier Menschen den hinduistischen Göttern geopfert werden. König Pasenadi sieht ein, dass er die alten hinduistischen Rituale überwinden muss, lässt die zu opfernden Tiere und Menschen frei, lässt den Opferaltar zerstören und wird Laienanhänger des Buddha. Er bittet den Buddha weiterhin um einen Lehrer, der seinen Hauptfrauen und auch den anderen Frauen in seinem Harem den Dharma darlegen soll. Der Buddha beauftragt seinen Freund *Ananda* mit der Aufgabe, denn Ananda ist sowohl äußerst beliebt bei Frauen als auch völlig integer.

Jahre später stehen Pasenadi und Mallika auf dem Balkon des Palastes und Pasenadi fragt sie: „Sag, Mallika, gibt es einen Menschen auf der Welt, den du mehr liebst als dich selbst?" Er hat diese Frage schon oft Frauen gestellt, und selbstverständlich hat er immer diese Antwort gehört: „Es gibt nur einen Menschen auf dieser Welt, den ich mehr liebe als mich selbst, und das seid Ihr, König Pasenadi."

Doch Mallika gibt nicht die Standardantwort. Sie ist genauso widerborstig wie das Spieglein an der Wand im Märchen von Schneewittchen und enttäuscht den Frager: „Nein, König Pasenadi, es gibt niemanden auf der Welt, den ich lieber habe als mich selbst."

Der König starrt in die Landschaft. Dann sagt er: „Komisch, Mallika, mir geht es genauso, ich kenne auch niemanden, den ich lieber habe als mich selbst. Aber ob das richtig ist? Ist es nicht unmoralisch, sich selbst an die erste Stelle zu setzen? Wir sollten die Meinung eines Weisen dazu einholen. Lass´ uns zum Buddha gehen.

Gesagt, getan. Die Antwort des Buddha ist uns von Ananda überliefert worden. Der Erhabene sprach:

„Wer mit seinem Geist alle Welten durchwandert hat,
findet nirgendwo jemanden,
der ihm lieber wäre als er selbst.

Weil auch andere sich selbst am meisten lieben,
deshalb sollte einer, der sich liebt,
niemals anderen Schaden zufügen.“

Der Buddha lässt also alles falsche Moralisieren. Er nimmt die Selbstliebe so an, wie sie ist, und lässt auf dieser Basis eine sittliche Selbstverpflichtung erwachsen.

Dennoch ist das Leben von Pasenadi und Mallika nicht frei von Konflikten. So ärgerte sich Pasenadi einst über seine Frau und er behandelte sie daraufhin wie Luft. Als der Buddha am nächsten Tag erschien und das angespannte Verhältnis bemerkte, erzählte er die Geschichte von den liebenden Göttern:

„Einst lebten zwei *Götter* im Himmel, sie liebten sich über alle Maße. Das Leben dieser Götter währt tausend Jahre. Sie verbrachten die Tage miteinander und nur zum Schlafen trennten sie sich, um einander nicht zu stören. *(Anmerkung: diese Götter sind androgyn, geschlechtslos.)* In einer Nacht jedoch kam eine Überschwemmung und trennte die beiden, und sie brauchten einen ganzen Tag, um einander wieder zu finden. Da sagten sie sich: Wie schrecklich, unser Leben ist nur ganze 1000 Jahre lang und durch unsere Fehler haben wir einen Tag ohne den Liebsten verbringen müssen - ein ganzer Tag, von den kurzen 1000 Jahren ist verloren!“

Da begriff König Pasenadi, dass er durch den Streit mit Mallika sich selbst eines Teiles seines Lebens berauben würde und die beiden versöhnten sich wieder.

Mallika und Pasenadi waren beide Laienanhänger des Buddha. Sie praktizierten, aber sie waren keine Heilige, sie waren auch keine Stromeingetretene (eine untere Stufe der Heiligkeit). Sie machten noch Fehler. Mallika machte sogar einen folgenschweren Doppelfehler.

Mallika war zum Baden an den königlichen Pool gegangen. Sie schwamm nackt und glaubte sich allein, denn dieser Pool ist nur von einem Zimmer des Palastes einzusehen, wo um diese Zeit niemand zu sein pflegte. An diesem Tag jedoch stand König Pasenadi da und genoss den Anblick seiner schönen nackten Frau beim Bade. Mallika entstieg dem Wasser und begann sich abzutrocknen. Der König liebte es, die nackte Anmut seiner Hauptfrau zu betrachten.

Da näherte sich ein Hund der Szene, was den König noch belustigte: ob dies wohl Mallika erschrecken würde? Sie schien den Hund nicht zu bemerken. Er näherte sich ihr von hinten und beschnüffelte ihre Beine, bis hinauf zum Gesäß. Den König durchlief es heiß und kalt: jetzt musste sie den Hund doch bemerken und sich seiner erwehren!

Doch Mallika ließ den Hund gewähren. Sie ließ ihn auch gewähren, als er sie von hinten bestieg.

Der König war außer sich: seine Mallika, die Frau des Königs und … ein Hund, EIN HUND! Als Mallika in den Palast kam, stellte er sie zur Rede. Mallika jedoch leugnete alles ab: „Ich mit einem Hund! Du tickst ja wohl nicht richtig! Du wirst alt, deine Augen taugen nichts mehr, du siehst irgendwelche Dinge und dann geht deine eigene geile Phantasie mit dir durch."

Es war hart für den König: nicht nur diese in seinen Augen widerwärtige Intimität gesehen zu haben, sondern jetzt auch noch mitzubekommen, dass seine Frau in belog und beschimpfte!

Es heißt, Mallika sei nach ihrem Tod in einer Hölle wiedergeboren worden, in der sie sieben Tage schwere Qualen erleiden musste, bevor sie erneut starb und in der Menschenwelt wiedergeboren wurde. Es heißt, sie habe in dem dann folgenden Leben Stromeintritt erreicht, denn um den Edlen Spiralpfad zur Erleuchtung zu gehen ist beides nötig: Dharmakenntnis, die sie in ihrem Leben als Mallika erworben hatte, und dukkha, Leiden, das ihr in der Hölle widerfahren ist.

Anmerkung:

Egal, wie wir zu Wiedergeburt und Hölle stehen. Dieses Ende ist interessant, denn

•*es wird geschildert, dass Taten Folgen haben, sei es nach dem Tod oder noch in diesem Leben (sicher wird ihr Handeln gegenüber dem König Folgen gehabt haben)*

•*es zeigt, dass die Hölle, die in der budddistischen Lehre als einer der sechs möglichen Lebensbereiche angesehen wird, ein zeitlich begrenztes Phänomen ist und dass* relativ *ungeschicktes Verhalten (der kränkende sodomistische Seitensprung, das Lügen und das ungerechtfertigte Beschimpfen Pasenadis)* relativ *milde karmische Folgen hat*

•*dass wir zum spirituellen Wachstum beides brauchen: den Dharma und dukkha (Leiden, Unvollkommenheit), das erste Glied des zwölfgliedrigen Weges zum Nirvana.*

Käufliche Liebe und Tod

eine Geschichte aus dem Pali-Kanon

erzählt von Horst Gunkel

Wie fast überall und zu fast jeder Zeit in den letzten Jahrtausenden, wurden auch im alten Indien die Ehen von den Eltern arrangiert. Hierbei musste meist auf geschäftliche und gesellschaftliche Beziehungen Rücksicht genommen werden. Liebesheiraten waren nicht üblich.

So wurde auch Uttara aus *Rajagaha*, die Tochter des Punna, gegen ihren Willen verheiratet. Was aber ihr, einer Anhängerin des Buddha, dabei das größte Problem bereitete, war die Tatsache, dass ihr künftiger Mann ein gemeiner Weltling war, also einer derjenigen, die ohne spirituelle Ausrichtung dem weltlichen Leben nachgingen. Da sie jedoch nicht gefragt wurde und Ungehorsam gegenüber dem eigenen Vater völlig undenkbar war, fügte sie sich ihrem Schicksal.

So kam Uttara als junge Ehefrau in das Haus ihres Mannes, dessen Name nicht überliefert ist. Und da es außereheliche Sexualität damals allenfalls bei Prostituierten, gab, war der sexhungrige junge Ehemann in den ersten Wochen der Ehe natürlich ganz besonders an sexuellen Lustbarkeiten interessiert.

Uttara kam ihren ehelichen Pflichten nach, aber dies bedeutete, dass sie wochenlang keine Gelegenheit hatte, mit Mönchen und Nonnen zusammenzutreffen. Auch kam sie nicht dazu, Almosen zu geben oder den *Dharma* zu hören. Dies war gerade deshalb besonders schlimm, da jetzt die Regenzeit war, in der die Mönche nicht umherzogen. Und ausgerechnet in dieser Regenzeit hatte der Buddha mit einer Schar seiner gelehrtesten Mönche Quartier vor den Toren der Stadt Rajagaha genommen. Nach der Regenzeit würden die Mönche weiterziehen – und wer weiß ob sie jemals in diesem Leben noch Gelegenheit haben würde, den Lehrreden des Buddha und seiner wichtigsten Mönche zu lauschen.

Nach zehn Wochen war sie darob ganz verzweifelt und wandte sich mit einer Botschaft, die eine Dienerin überbrachte, an ihre Eltern: „Warum musste ich in dieses Gefängnis? Es wäre besser, in einer buddhistischen Familie als Sklavin zu leben, denn als Ehefrau eines Mannes, den der Dharma nicht interessiert, sondern nur Sex."

Punna war entsetzt, als er die Botschaft vernahm. Doch wie hätte er seiner Tochter helfen können. Der junge Ehemann seiner Tochter schien sich nur für Sex zu interessieren, die Bedürfnisse seiner Frau aber waren ihm völlig egal. Nach wenigen Tagen des Überlegens hatte er einen Plan. Er sandte seiner Tochter 15.000 Goldmünzen und folgende Botschaft: „Wie du weißt, wohnt in unserer Stadt eine bei den Männern sehr beliebte **Kurtisane**, die – wie ich weiß - ihr Geschäft ausgezeichnet versteht. Sie heißt Sirima und nimmt 1000 Goldmünzen für eine Liebesnacht. Mit dem beiliegenden Gold kannst du sie für 15 Tage bezahlen. Dann ist dein Mann beschäftigt und du kannst inzwischen dem Dharma gemäß praktizieren."

Als ihr Mann schlief, begab sich Uttara zur Kurtisane Sirima. Sie waren schnell handelseinig. Sie nahm Sirima gleich mit und präsentierte die Kurtisane, die alle körperlichen Vorzüge hatte, auf die Männer gemeinhin stehen, ihrem Ehemann. Der war sofort einverstanden, diese tolle Sexbombe zwei Wochen lang als Ersatz für seine Ehefrau zu nehmen. Auf diese Art hatte Uttara Zeit, in den letzten beiden Wochen vor dem Ende der Regenzeit Almosen zu geben und Lehrreden zu hören. Also eilte Uttara zum Buddha, berichtete ihm alles und bat ihn, in diesen beiden Wochen mit seinen Mönchen in ihr Haus zu kommen und dort die Almosenspeise einzunehmen. Schweigend stimmte der Buddha zu und Uttara bekam so Gelegenheit, zahlreiche Lehrreden des Erleuchteten zu hören.

Kurz vor dem Ende dieser glücklichen Zeit bereitete Uttara in der Küche die Mahlzeit für die Abschlusszeremonie der Regenzeit. Ihr Ehemann betrat die Küche, um zu sehen, was sie die ganze Zeit mache. Er sah seine Ehefrau schwitzend und rußbeschmiert am Herd hantieren. „Die spinnt", dachte er, „könnte sie doch den Reichtum genießen! Sie brauchte nicht zu arbeiten! Stattdessen gibt sie 15.000 Goldstücke aus, nur damit ich sie in Ruhe wie wild besessen in der Küche schaffen lasse. Ach, was ist die doch so blöd!" Er dachte es bei sich und zog sich grinsend aus der Küche zurück.

Sirima aber sah sein Grinsen, als er aus der Küche kam. „Der trifft sich doch tatsächlich heimlich mit seiner Ehefrau!", entrüstete sie sich: „Was hat denn die, was kann denn die, was ich nicht kann!" Und die

Kurtisane wurde richtig eifersüchtig auf die Ehefrau ihres Galans. So begab sich die zornige Lebedame in die Küche und nahm einen Schöpflöffel voll kochenden Öls, um es über Uttara zu schütten. „Dann wird sie so entstellt sein, dass kein Mann sich mehr mit ihr einlassen will," dachte sie voller Hass.

Uttara sah die Kurtisane auf sie zukommen und dachte bei sich: „Dort kommt meine Freundin Sirima, die mir ermöglicht hat, gute Werke zu vollbringen. Ich weiß nicht, warum sie so wütend ist, aber ich will ihr voller Metta, voller liebender Güte begegnen."

Und voller Metta, voller Freundlichkeit, sah sie Sirima an, die kochendes Öl über sie schüttete. Wie durch ein Wunder prallte das Öl an der liebevollen Aura der Uttara ab, und während Sirima nunmehr versuchte, sich mit einem Messer auf die tugendsame Ehefrau zu stürzen, wurde sie von deren Dienerinnen überwältigt, die ihrerseits voller Wut die Sirima packten. Uttara aber gebot ihren Bediensteten Einhalt und wandte sich an die Kurtisane: „Aber Sirima, warum hast du das denn getan?"

Ob so viel Güte war Sirima überwältigt und warf sich ihr zu Füßen: „Uttara verzeih mir, ich war von Sinnen." Uttara aber sagte: „Ich werde dir verzeihen, aber nur, wenn du auch den Buddha um Verzeihung für deine Tat bittest." Verständnislos, aber dankbar willigte Sirima ein.

Am nächsten Tag war der Buddha wieder zu Gast. Diesmal hatte Sirima ihre vielen Dienerinnen und Diener die Mahlzeiten zubereiten lassen. Nach der Mahlzeit kniete Sirima vor dem Buddha nieder und bat: „Herr, verzeiht mir!"

„Wofür?", fragte der Buddha.

Daraufhin erzählte Sirima die ganze Geschichte, ohne irgendetwas zu beschönigen. Der Buddha erkundigte sich bei Uttara, wie sie den Anschlag mit dem kochenden Öl überstanden hätte und diese berichtete, wie sie Sirima *Metta*, liebevolle Zuneigung, entgegen gebracht habe, so dass ihr der Anschlag nichts habe anhaben können.

„Ausgezeichnet, Uttara," sagte der Buddha, „das ist genau der richtige Weg, Zorn, Wut und Hass zu überwinden.

Überwinde den Zorn durch Nichtzorn,
Besiege das Böse durch Güte,
Gewinne den Geizhals durch ein Geschenk
Und den Lügner mit der Wahrheit."

Dann legte der Buddha den Dharma dar. Am Ende der Darlegung hatte Uttara die **Einmalwiederkehr** (die zweite Stufe des vierstufigen Weges zur Heiligkeit) erreicht, ihr Ehemann und Sirima aber waren **Stromeingetretene** (erste Stufe des Weges zur Heiligkeit) geworden.

Sirima, die es durch ihre sexuellen Dienstleistungen in der Vergangenheit zu ansehnlichem Reichtum gebracht hatte, hatte mit dem Stromeintritt die gröbsten Formen der Gier überwunden. Sie ging nicht mehr anschaffen, sondern kümmerte sich von nun an um die Mönchssangha. Sie legte ein Gelübde ab, wonach sie jeden Tag acht Mönche verköstigen würde. Die buddhistische Sangha erhielt Eintrittskarten, von denen jeden Tag acht Stück an Mönche ausgegeben wurden. Die Mahlzeiten, die es bei Sirima gab, waren äußerst wohlschmeckend und sehr reichlich bemessen. Und Sirima bediente die Mönche eigenhändig und liebevoll.

„Es wird nur das beste Essen serviert und zwar so großzügig, dass jede Portion für drei oder vier von uns ausreichen würde. Doch das Allerbeste ist die Bedienung: Sirinas Aussehen übertrifft alles, was ihr euch vorstellen könnt, sie ist das wundervollste, charmanteste und liebreizendste Geschöpf, das man sich überhaupt nur vorstellen kann," so berichtete einer der Mönche von seiner Mahlzeit.

Der Buddha hörte diesen Bericht mit sehr gemischten Gefühlen. Ein anderer Mönch, ein noch junger Mann, der auch zugegen war, hörte den Bericht auch – allerdings mit sehr eindeutigen Gefühlen. Er hatte Sirima zwar noch nie gesehen, aber allein der Bericht löste in ihm eine große Verliebtheit aus. Er konnte des Nachts nicht mehr schlafen, denn seine Gedanken weilten bei der Frau, und er versuchte so zu liegen, dass seine mächtige Erektion den anderen Mönchen nicht auffiel. Natürlich bemühte er sich nunmehr, eine Eintrittskarte zum Essen bei Sirima zu bekommen.

Der Buddha arrangierte es so, dass dieser Mönch erst dann eine Einladung bekam, als Sirima krank war, vielleicht würde er ja geheilt, wenn er ihren unvollkommenen, kranken Körper sah. Die Ex-Kurtisane ließ es sich nicht nehmen, auch an diesem Tage die Mönche zu bewirten. Sie war allerdings sehr schwach und musste von Dienerinnen gestützt werden, sie zitterte unter Fieber und hatte dicke Ringe unter den Augen.

Doch am Abend berichtete der junge Mönch den anderen: „Selbst in ihrer Krankheit sieht sie so strahlend schön aus wie kein anderes menschliches Wesen. Wie liebreizend muss sie erst sein, wenn sie geschminkt, in schönen Kleidern, parfümiert und mit Schmuck angetan ist." Der Buddha hörte auch dies und diagnostizierte einen besonders schweren Fall von Verblendung.

Am selben Abend erhielt der Buddha von König Bimbisara die Nachricht, Sirima sei ihrer Krankheit erlegen. Der Buddha sah sofort eine Möglichkeit, Verblendung zu heilen. „Sirima hat immer ihren Körper zur Schau gestellt, um sich finanzielle Verdienste zu sichern. In letzter Zeit hat sie sich um spirituelle Verdienste bemüht. Sirima wird nichts dagegen haben, wenn ihr Körper dazu dient, spirituelle Verdienste zu erreichen", sagte sich der Buddha und bat Bimbisara, den Leichnam nicht gleich verbrennen zu lassen, sondern ihn im Innenhof ihres Hauses aufzubewahren. Allerdings müssten Diener ihn bewachen um aasfressende Vögel zu betreiben. Inzwischen war keine Regenzeit mehr, sondern die heißeste Zeit des Jahres.

Nach drei Tagen war es so weit. Der Buddha ging zu jenem jungen Mönch, der wie alle anderen noch nicht über das Ableben von Sirima informiert war. „Komm und sieh", sprach der Buddha lächelnd, „Sirima ist nicht mehr krank. Sie erwartet dich." Der junge Mönch konnte sein Glück noch nicht fassen. Und so begab er sich mit dem Buddha zum Haus der schönen Frau.

„Warum will sie, dass gerade ich sie besuche?" fragte der junge Mann, der immer noch nicht verstand, wie ihm geschah.

„Ich denke, es ist besser für dich," sagte der Buddha. „Ich habe deine Blicke gesehen und deine Gedanken gelesen. Ich kann dich verstehen. Und Sirima hat nichts dagegen. Also: Du kannst sie haben. Du kannst sie besitzen, ihr Körper steht dir voll zur Verfügung."

Inzwischen waren sie am Haus der Ex-Kurtisane angekommen. Der Buddha schubste den jungen Mönch in den Innenhof, wo die nackte Leiche lag. „Viel Spaß!"

Den Augen des Mönches bot sich ein abscheuliches Bild: Da lag die unbedeckte Leiche, bläulich verfärbt, der Körper aufgedunsen, der Mund offen, Käfer und Würmer durchbohrten die Zunge, ein scheußlich süßlicher Geruch lag in der Luft und Tausende von Fliegen saßen auf oder umschwirrten ihren stinkenden, schleimige Flüssigkeit absondernden Unterleib. Der junge Mönch war kreidebleich und musste sich übergeben.

Der Buddha aber sprach: „Die Männer zahlten tausend Goldstücke für eine Nacht mit diesem Körper. Du aber kannst ihn gratis benutzen. Bedien dich, wenn du willst. - Das, was du siehst, geschieht mit dem Körper. Er ist vergänglich und wirkt anziehend nur durch Schmuck und die Illusion unseres von Gier verblendeten Geistes. Nur Verrückte finden Gefallen an solch hinfälligem Ding und hegen Illusionen."

Sirima aber war als Göttin wiedergeboren und weilte dem absurden Schauspiel bei. Sie saß auf einer Wolke und sang:

In jener wunderschönen Stadt am Hügel
War ich Dienerin des berühmten Königs
Ich war Meisterin in Gesang und Tanz
Und in Rajagaha kannte man mich als Sirima.

Buddha, der Meister aller Seher, der, der den Pfad aufzeigt,
Klärte mich auf über den Ursprung des Leidens, die Unbeständigkeit,
Das Nicht-Bedingte und das Aufhören des Leidens
Und über den Pfad dahin, den glückbringenden.

Ich war freudig und stolz, als ich den Erhabenen sah,
den Buddha, den Führer der Menschen, die der Zähmung bedürfen.
Ich verehre den höchst Mitleidvollen, den Zerstörer der Begierden,
Den Anführer jener, die sich am Guten erfreuen.

Attentat auf den Buddha

eine Geschichte aus dem Pali-Kanon
erzählt von Horst Gunkel

Der Buddha war inzwischen etwa 70 Jahre alt, das heißt es war etwa das Jahr 490 v. u. Z. Infolge der strengen Askese, die der Buddha in jungen Jahren - vor seiner Erleuchtung – betrieben hatte, erfreute er sich leider nicht bester Gesundheit. Sein Körper war geschwächt und häufig litt er an Kreuzschmerzen. Einladungen zu Eröffnungs-veranstaltungen von staatlicher oder privater Seite, die der Buddha erhielt, wurden ihm zunehmend lästig, und es geschah inzwischen nicht selten, dass der Buddha Lehrvorträge, die er abhalten sollte, nicht abhielt oder wegen Rückenschmerzen abbrach und sie von seinen wichtigsten Jüngern, etwa *Sariputta* oder *Moggalana*, zu Ende vortragen ließ. Eine der Personen, die ihn bei solchen Gelegenheiten vertraten, war auch *Mahakassapa*, mit dem der Buddha das folgende Gespräch führte:

„Es ist gut *Kassapa*, dass du mich gestern Abend vertreten hast, mein Körper ist verschlissen und schmerzt, ich fühle mich wie ein alter Karren, der nur noch von Stricken zusammengehalten wird."

„Gerne werde ich euch vertreten, *Erhabener*, wann immer ihr dies wünscht und mir dies möglich ist."

„Ich fürchte allerdings, Kassapa, es wird nicht immer und überall möglich sein. Es scheint mir, dass auch du, ebenso wie ich, geringeren Einfluss auf die jüngeren Mönche hast als dies früher der Fall war."

„Ihr habt recht, Erhabener, auch mir ist aufgefallen, dass es früher genügte, wenn ihr euch in einer bestimmten Weise verhalten habt, die Mönche haben sich dann bemüht dem nachzueifern. Nicht einmal grundlegende Regeln waren damals nötig, die Mönche bemühten sich mit höchstmöglicher Achtsamkeit."

„Genauso ist es, Kassapa, heute genügen jedoch nicht mehr die grundlegenden zehn Regeln für Mönche, nein, ich habe inzwischen 300 Vorschriften erlassen müssen, denn gar groß ist die Dummheit vieler Mönche."

„Ebenso ist es mit dem Lebenswandel, Erhabener. Vor 20, 30 Jahren lebten die meisten Mönche zurückgezogen als Wald-einsiedler, haben sich in Roben aus Stofffetzen gekleidet und nur vom Almosensammeln ernährt. Heute nehmen viele Einladungen zu Mahlzeiten an. Meines Erachtens, Erhabener, fehlt es einem großen Teil der jungen Mönche an vier Tugenden. Ihnen fehlt es an sraddha (an gläubigem Vertrauen), es fehlt an nibbida (Zurückhaltung), an vayama (Eifer) und an drsti (Einsicht)."

„Kassapa, ich stimme dir vollkommen zu, all dies sind Zeichen des Rückschrittes, des Verfalls, auf diese Weise wird der **Dharma** unvollkommen praktiziert. So werden immer weniger Menschen zur Erleuchtung kommen, auch das Ziel des **Stromeintritts** wird damit für die meisten Mönche unerreichbar."

Aber es war nicht nur der Verfall der Sitten, der die Sangha bedrohte, sondern auch Intrigen und Machtspiele, wie wir sie aus der Welt der Politik, der Welt der Gruppen- und Einzelinteressen kennen. Dies wird häufig in Verbindung gebracht mit einer Person, nämlich **Devadatta**, der sich allmählich zum Gegenspieler des Buddha innerhalb der Sangha entwickelte. Nicht alles, was man sich von Devadatta berichtet, ist unbedingt wörtlich zu nehmen, vielmehr könnte es sein, dass in den ersten Jahrhunderten nach Buddhas Tod diesem in den Erzählungen die Rolle des Schurken zugewiesen wurde. Wie viel von dem Folgenden damit authentisch ist und wie viel spätere Hinzufügungen sind, sei dahingestellt. Eines zeigt diese Geschichte jedoch mit Sicherheit: Dass keine Organisation vor Verfallserscheinungen, vor Gruppenegoismen und vor Einzelinteressen sicher ist. Man kann versuchen Mechanismen einzubauen, die gröbsten dieser Erscheinungen zu beschränken. Da jedoch jede Organisation, auch buddhistische Organisationen, in **Samsara** operieren, passiert all das, was für **bedingtes Entstehen** typisch ist, auch hier.

Devadatta war vor mehr als 30 Jahren zusammen mit sechs anderen Personen vom Buddha ordiniert worden. Devadatta war sowohl der Schwager als auch ein Vetter des Buddha und dünkte sich über diese familiären Beziehungen näher am Buddha. Er war gut 20 Jahre jünger als der Buddha und sah den körperlichen ebenso wie den autoritativen Verfall des Buddha mit Interesse. Devadatta versuchte mächtige Verbündete zu bekommen, so den ehrgeizigen Kronprinzen **Ajatasattu**, den Sohn des Königs **Bimbisara** von **Maghada**.

Moggalana, der über große magische und intuitive Fähigkeiten verfügte, warnte den Buddha vor dieser Allianz, aber der Buddha wiegelte ab: „Es ist richtig, Devadatta ist sehr ehrgeizig. Aber was soll dabei herauskommen? Es ist wie überall. Die ehrgeizigste Pflanze ist die Bananenpflanze: sie trägt die größten Fruchtstauden. Und was kommt dabei heraus? Sind die Früchte reif, so stirbt die Bananenstaude, die sich übernommen hat, ab. Ebenso wird es mit Devadatta sein."

Allerdings muss man Devadatta zugute halten, dass er sein Ziel, die Sangha statt des Buddha anzuführen, nicht nur mit Intrigen verfolgte, sondern offensiv zu diesem Ziel stand. So legte der Buddha eines Tages unter sichtbar großen Schmerzen die Lehre einer großen Versammlung dar, auch König Bimbisara war darunter. Da erhob sich Devadatta, als der Buddha eine schmerzbedingte Pause einlegte, verbeugte sich vor ihm und sprach: „Meister, ihr seid alt, ein Greis, beschwerlich ist euer Leben, es macht euch Mühe solche Versammlungen zu leiten. Zieht euch zurück und lebt in Ruhe, bescheidet euch darin, den Dharma entdeckt und verkündet zu haben. Es ist nicht länger nötig, dass ihr den Mönchsorden führt, ich bin bereit diese Aufgabe zu übernehmen."

Der Buddha lehnte dieses Ansinnen rundweg ab, jedoch ließ Devadatta nicht locker. „Jetzt oder nie", dachte er sich. Er forderte den Buddha ein zweites und ein drittes Mal mit unterschiedlichen Argumenten auf, ihm die Leitung der Sangha zu übertragen, bis der Buddha schließlich sehr deutlich wurde:

„Ja, Devadatta, ich bin alt. Aber nicht einmal so vollkommenen Jüngern wie Sariputta oder Moggalana würde ich die Leitung des Mönchsordens übergeben. Einem wie dir, der Intrigen mit dem Sohn des Königs gegen den König schmiedet, schon gar nicht."

Diese sehr heftige Erklärung des Buddha führte nicht nur dazu, dass Devadatta augenblicklich den Platz verließ, er fühlte sich vielmehr in der Öffentlichkeit bloßgestellt. Der Buddha hatte sich einen Mönch zum Feind gemacht.

Der Buddha wusste allerdings sehr genau, dass die Sache damit nicht ausgestanden war und daher berief er eine Versammlung des Ordenskapitels ein, um Devadatta das Misstrauen auszusprechen. Sariputtas Aufgabe war es, öffentlich zu verkünden, dass Devadatta, wo immer er auftrete, nicht im Namen der Sangha sprechen könne.

Sowohl Devadatta als auch Ajatasattu standen in ihrem Ehrgeiz jeweils eine Person im Wege. Es ist daher nicht verwunderlich, dass diese Beziehung begann Verschwörungscharakter anzunehmen und dass die beiden bereit waren, alle Mittel anzuwenden, um zu ihrem Ziel zu kommen, Mord eingeschlossen.

Als erstes handelte Ajatasattu, er schlich mit einem Dolche bewaffnet des nachts in das Schlafgemach Bimbisaras, um ihn zu töten. Er war der festen Überzeugung, das die Leibwächter seines Vaters ihn passieren ließen. Am nächsten Tag würde er sich selbst zum König ausrufen, damit wäre er oberster Gerichtsherr und somit von jeder Strafverfolgung ausgeschlossen. Es wird behauptet, Devadatta habe diesen Plan entwickelt. Allerdings wurde Ajatasattu von den Leibwächter festgehalten, durchsucht und – nachdem man den Dolch sichergestellt hatte – verhört. Ajatasattu gestand alles, auch dass er sich mit Devadatta in einer Verschwörung befunden habe.

Als oberster Gerichtsherr war nun der König aufgefordert ein Urteil über seinen Sohn zu fällen, denn das ordentliche Gericht erklärte sich in der Frage des Hochverrates vorsichtshalber für nicht zuständig. König Bimbisara also saß über seinen eigenen Sohn zu Gericht. Er entschied sich für eine eigentümliche Strafe. Ajatasattu müsse statt seiner nunmehr König sein und sei vor der Geschichte aufgefordert zu zeigen dass er, Ajatasattu, ein besserer und weiserer Herrscher sei, als es sein Vater je gewesen sei. Damit trat König Bimbisara zurück.

Ajatasattus Bild vor der Geschichte ist bis zum heutigen Tage eindeutig geprägt. Er, dem sein Vater so viel Gnade erwiesen hatte und das Leben ein zweites Mal geschenkt hatte, ging als kaltblütiger, gnadenloser Herrscher in die Geschichte ein. Er versuchte auf höchst unwürdige Weise aus dem Schatten seines Vaters herauszutreten. Ajatasattu ließ seinen Vater in den Kerker werfen und verhungern.

So war der König beseitigt, Ajatasattu hatte sein Ziel erreicht, Devadatta nicht. Es heißt, nun hätten sich Devadatta und Ajatasattu einen Plan ausgedacht, den Buddha zu beseitigen. Ein Soldat solle den Buddha mit einem Schwert enthaupten. Zwei andere Soldaten wurden damit beauftragt, diesen Soldaten zu töten, damit die Verantwortung für das Attentat verschleiert bliebe. Weitere Soldaten würden dann diese im Auftrag des Königs umbringen und auf diese Weise die Ursache des Gemetzels verdecken.

Der erste Soldat, der den Mordauftrag erhalten hatte, ging ängstlich auf den Buddha zu. Dieser sah die Bewaffnung und die Angst des Soldaten und rief ihn lächelnd an: „Komm näher, mein Freund, fürchte dich nicht. Deine Lage ist nicht ausweglos. Du kannst einfach darauf verzichten, mich zu töten." Da fiel der Soldat weinend auf die Knie und bat den Buddha um Verzeihung. Dieser riet ihm, nicht zu seiner Einheit zurückzukehren, wenn ihm sein Leben lieb sei. So rettete der Buddha das Leben des Soldaten.

Ein zweites Attentat, dessen Urheber ebenfalls Devadatta gewesen sein soll, übergehe ich, denn dass der Buddha in einem für Steinschlag bekannten Gebiet von einem Steinschlag getroffen und nur leicht verletzt wurde, hat vermutlich keine verschwörerischen Hintergründe gehabt.

Zu einem dritten Attentat soll es in der Stadt Rajagaha gekommen sein. Devadatta hatte dort einen Freund, der Elefantenführer war. Eines Tages erzählte dieser – so wird behauptet – Devadatta, dass sein mächtigster Arbeitselefant, Nalagiri, einmal einen Menschen getötet hatte, weil er in Panik geraten sei. Er könne deshalb nicht mehr mit Nalagiri in enge Gassen gehen, dort könne sich der Elefant nicht umdrehen und wenn er ein Feuer hinter sich fürchte, gerate er in Panik. Devadatta bestach den Elefantenführer, ihm Nalagiri auszuleihen. Es kommt zu dem, was kommen muss. Als der Buddha auf Almosengang in eine enge Gasse geht, veranlasst Devadatta den Elefanten dem Buddha entgegen zugehen und wahrscheinlich sengt er mit einer Fackel den Schwanz des Elefanten an, worauf dieser in Panik gerät und mit erhobenem Rüssel, die Stoßzähne nach vorn auf den Buddha zu rennt. Der Buddha ist sich der Gefahr bewusst. Aber der Buddha hat lange in der Wildnis gelebt. Damals hatte er oft Angst vor wilden Tieren, aber er meisterte sie. Und er hatte auch gehört, wie Elefantenmütter die Jungtiere anriefen, wenn diese in Panik kamen. Diesen Schrei imitierte der Buddha und der Elefant blieb verdutzt stehen. Dann entfaltete der Buddha Metta – universelle Güte – ging auf den Elefanten zu, streichelte seinen Rüssel, sprach ruhig auf ihn ein.

Der Elefant ließ sich anstandslos in seinen Stall führen.

Ambapali
- Kurtisane und Heilige -
eine Geschichte aus dem Pali-Kanon
erzählt von Horst Gunkel

Es war ein schöner Sommertag, als der Gärtner eines Fürsten der Adelsrepublik *Licchavi* über eine kleine Brücke im Park seines Herrn in *Vesali* auf einen Mangobaum zuging. Höchst erstaunt war er, als er unter dem Baum ein Bündel liegen sah. Beim näheren Betrachten stellte es sich heraus, dass es sich um ein Findelkind handelte. Er nahm das Kind mit in seine Kate, und es wurde nach seinem Fundort Ambapali genannt, denn amba heißt „Mango" und pali bedeutet „Zeile" oder „Brücke".

Das Mädchen wuchs heran und wurde dabei immer schöner und anmutiger, was auch den Licchavifürsten auffiel, so nahm es nicht Wunder, dass gleich mehrere von ihnen sie zur Frau begehrten. Es kam zu heftigem Streit und zu Auseinandersetzungen. Doch schließlich kommt ihnen die Idee einer wahrhaft salomonischen Lösung: warum sollte sie nur einer erhalten, wenn doch das, was sie begehrten, alle erhalten könnten? Sie beschlossen also, sich Ambapali zu teilen. Sie wurde damit zu einer *Kurtisane* im eigentlichen Wortsinne, zu einer Hofdame.

Da sie einen guten Charakter hatte, wirkte sie in vielerlei Hinsicht mäßigend auf die Fürsten ein. Diese zeigen sich sehr spendabel. Ambapali wiederum verwendete einen Großteil des Geldes, das sie erhielt, für wohltätige Zwecke. Auf diese Art wurde Ambapali in Licchavi so beliebt wie seinerzeit Eva Peron in Argentinien. Und Ambapalis Ruf verbreitete sich auch schnell in den Nachbarstaaten. Auch der *Raja* (Herrscher) von *Maghada*, *Bimbisara*, vernahm die Kunde von der wunderbaren Frau und er wollte gern für sein Land eine ähnliche Attraktion, beschloss allerdings zunächst „studienhalber" Licchavi zu besuchen. Die Studien erweisen sich als sehr fruchtbar, im wahrsten Sinne des Wortes: Ambapali schenkt König Bimbisara einen Sohn.

Ambapali ist jetzt auf der Höhe ihrer Beliebtheit, sie besitzt inzwischen einen Mangohain. Zu dieser Zeit bereist der greise Buddha auf seiner letzten Wanderschaft Vesali und er verweilt mit seinen Mönchen im Mangohain. Ambapali ist begeistert über den hohen Besuch und sie beschließt zum Buddha zu gehen. Die Mönche sind etwas verunsichert über den plötzlichen Besuch eines Freudenmädchens, aber der Buddha begrüßt die hübsche Frau, bietet ihr einen Platz an und hält ihr eine Lehrrede über den *Dharma*. Insgeheim beschließt Ambapali, ihr Sohn möge eines Tages den Weg des Buddha gehen und Mönch werden.

„Danke, Erleuchteter, herzlichen Dank, Heiliger Mann, darf ich dich und deine Mönche um die Ehre bitten, morgen in mein Haus zu kommen und mit mir zu speisen?"

Schweigend – wie das so seine Art war - nahm der Buddha das Angebot an. Ambapali verbeugte sich, bestieg ihren Wagen und hieß den Kutscher zum Markt zu fahren, damit sie Einkäufe erledigen könne. Unterwegs begegneten ihr die Licchavifürsten, sie lenkten ihren Wagen neben den Ambapalis und fragten, warum sie es denn so eilig habe.

„Der Buddha, der Vollendete, der Heilige, der ganz und gar Erwachte wird morgen mein Gast sein, und ich will sehen, dass ich ein Festmahl für ihn und seine Freunde bereiten kann."

„Nun, wenn der Buddha nur einen Tag hier ist, so denke ich es geziemt sich, dass er uns die Ehre gibt und nicht dir!" sprach da der älteste der Fürsten.

„Der Buddha wird zu mir kommen und mit mir speisen."

„Ach komm, Ambapali, verkaufe uns das Recht den Heiligen Mann zu bewirten, er ist schon achtzig Jahre alt und wir werden nicht mehr die Gelegenheit haben, einen solchen Weisen in unser Schloss zu bitten. Weißt du, Ambapali, es wird dein Schaden nicht sein, ich biete dir 100.000 Goldstücke! Stell dir nur vor, wie viel Gutes du damit für die Armen tun kannst!"

„Ihr wisst, Fürsten von Licchavi, ihr bekommt von mir fast alles für Geld. Aber die Ehre, den großen Buddha in meinem Haus bewirten zu können ist absolut unveräußerlich."

Da beschlossen die Fürsten selbst zum Buddha zu gehen und die Kurtisane durch ein besseres Angebot auszustechen.

„Werter Herr **Gotama,**" wandte sich der Sprecher der Fürsten an den Buddha, „wir sind froh und stolz den weltberühmten Weisen Gotama in unserer Republik begrüßen zu können. Wir möchten dich bitten, am morgigen Tag zu unserem Palast zu kommen und im Kreise der Edelsten des Staates zu speisen und nicht in einem Hurenhaus."

„Ich werde am morgigen Tag in der Tat mit einer der Edelsten in diesem Lande speisen, mit der Kurtisane Ambapali!" entgegnete der Buddha.

Erzürnt fuhren die Fürsten von dannen und schimpften: „So eine Gemeinheit, wir wurden von einem Mangomädchen besiegt, von einer, die sich prostituiert!"

Der Besuch des Buddha machte in der Tat nicht nur auf Ambapali, sondern auch auf ihren Sohn einen tiefen Eindruck. Und so wie sich dies seine Mutter gewünscht hatte, wächst in ihm der Wunsch, Mönch zu werden. Nur wenige Jahre später, der Buddha ist inzwischen verstorben, wird der Junge ordiniert, er erhält den Namen Viamala-Kondanna. Innerhalb weniger Jahre erreicht er das Ziel, die Erleuchtung.

Als Arahat kehrt er zurück nach Vesali. Diesmal ist er bei seiner Mutter zum Essen eingeladen. Zum Dank hält er eine Lehrrede. Ambapali beschließt auch den Weg des Erhabenen zu gehen, sie wird Nonne. Ihr Meditationsobjekt ist ihr eigener Körper. So meditiert sie über Leidhaftigkeit, über Vergänglichkeit, über Wesenslosigkeit. Diese Meditationsverse von ihr sind uns in den Therigatha, den Liedern der Nonnen, überliefert:

Mein Haar war schwarz, von der Farbe der Bienen,
Jedes Haar endete in einer Locke.
Wegen meines hohen Alters
Sieht es nun wie Hanffasern aus:
Nichts anderes sagt das Wort dessen,
Der die Wahrheit spricht.

Mit Blumen bedeckt, verströmte mein Haupt

Einen würzigen, zarten Duft.
Wegen meines hohen Alters
Riecht es heute wie das Fell eines Hundes.
Nichts anderes sagt das Wort dessen,
Der die Wahrheit spricht.

Früher waren meine Augenbrauen wundervoll
Wie Halbmonde, gemalt von der Hand eines Künstlers.
Wegen meines hohen Alters
Hängen sie nun herab, von Falten umgeben.
Nichts anderes sagt das Wort dessen,
Der die Wahrheit spricht.

Wunderschön und glänzend wie Juwelen
Waren meine Augen, dunkelblau und mandelförmig.
Heute, schwer gezeichnet vom Alter,
Ist ihre Schönheit völlig verflogen.
Nichts anderes sagt das Wort dessen,
Der die Wahrheit spricht.

Früher sahen meine Zähne wundervoll aus,
Hatten die Farbe von Bananenknospen.
Wegen meines hohen Alters
Sind sie nun zerbrochen und gelb.
Nichts anderes sagt das Wort dessen,
Der die Wahrheit spricht.

Früher war mein ganzer Körper wundervoll
Wie ein poliertes Goldblech.
Heute ist er überall von Falten durchzogen.
Nichts anderes sagt das Wort dessen,
Der die Wahrheit spricht.

Früher sahen meine Füße sehr gut aus,
Wie Schuhe voller Baumwolle.
Wegen meines hohen Alters
Sind sie nun voller Furchen und Falten.
Nichts anderes sagt das Wort dessen,
Der die Wahrheit spricht.

Früher waren meine Brüste prächtig anzusehen
Üppig, rund, fest und hoch.
Nun hangen sie nur herab
Wie ein Paar leere Wasserbeutel.
Nichts anderes sagt das Wort dessen,
Der die Wahrheit spricht.

Dies ist mein Körper, heute hinfällig geworden,
Die Heimstatt vieler Arten des Leidens,
Er ist nur noch ein baufälliges Haus
Von dem der Gips abfällt.
Nichts anderes sagt das Wort dessen,
Der die Wahrheit spricht.

Ambapali war Prostituierte.

Ambapali war Nonne.

Sie praktizierte.

Sie erreichte Heiligkeit.

Hier ihre letzten Worte:

Bedient von Millionen Wesen

Schritt ich fort in Buddhas Lehre.

Alle meine Grundübel sind vernichtet,

ich bin eine echte Tochter Buddhas geworden:

Nun gibt es keine Wiedergeburt mehr.

Jungfrau und Räuber

eine Geschichte aus dem Pali-Kanon
neu erzählt von Horst Gunkel

Bhadda war die einzige Tochter eines reichen Kaufmanns aus *Rajagaha*, der Hauptstadt des Königreiches *Maghada*. Ihrem Vater war nicht entgangen, dass das Mädchen, kaum dass sie dreizehn Jahre alt geworden war, von besonderer Lüsternheit war. Da aber zur damaligen Zeit nur standesgemäß heiraten konnte, wer jungfräulich in die Ehe einging, sperrten die Eltern ihre Tochter im obersten Stockwerk eines siebenstöckigen Hauses ein, so dass sie weder heraus konnte, noch ein junger Mann zu ihr „fensterln" konnte, das Haus war einfach zu hoch.

Zu dieser Zeit war ein ebenso fescher wie unbändiger junger Mann, der bei einem Raubüberfall gefasst worden war, zum Tode verurteilt worden. Wachen führten den Gefesselten zur Todeszelle, in der die Delinquenten auf ihre Hinrichtung zu warten hatten. Dabei kamen sie auch an dem siebenstöckigen Haus vorbei, an dessen Fenster Bhadda nach strammen jungen Männern Ausschau hielt, um ihre sexuellen Phantasien anzuregen. Sie war ganz hingerissen von dem Anblick des Gefesselten, der nur mit einem Lendentuch bekleidet war und dessen muskulöser Oberkörper sich ihren gierigen Blicken darbot. Er hatte starke Muskeln, die in der Sonne glänzten, und als er Bhadda sah, lachte er, rief ihr zu, dass er sie gern vernaschen würde, denn er hatte ihren lüsternen Blick gesehen, und machte – da er seine Hände nicht bewegen konnte - mit der Zunge eine obszöne Bewegung.

Bhadda verschlang diesen jungen Räuber mit ihren Augen und jede Faser ihres Körpers war erregt. Diesen Mann musste sie haben! Er schien genauso lüstern wie sie. Also schrie sie das ganze Haus zusammen und als ihre Eltern kamen, teilte sie ihnen mit: „Dieser tolle junge Gefangene, der eben dort unten vorbei geführt wurde, den will ich als Mann haben. Den und keinen anderen."

Die Eltern, die auch mitbekommen hatten, dass ein Todeskandidat an ihrem Haus vorbeigeführt wurden, versuchten auf sie einzureden und sie von der Unmöglichkeit ihres Unterfangens zu überzeugen, aber Bhadda stellte sich stur: „Ihr besorgt mir diesen

Mann, andernfalls stürze ich mich aus dem Fenster und damit ihr seht, dass ich es ernst meine, werde ich nichts mehr essen und trinken, bis ich ihn bekommen habe!" Sprach's und schleuderte die auf dem Tisch stehende Nahrung und ihr Trinkgefäß zum Fenster hinaus. Ihre Augen funkelten vor wilder Entschlossenheit.

Die Eltern zogen sich zurück, nachdem sie Bhaddas Gefängnis wieder sorgfältig verriegelt hatten. „Unsere Tochter hat den Teufel im Leib!" sagte ihre Mutter, „gewiss wird sie sich etwas antun."

„Ja", antwortete der Vater bedächtig, "das fürchte ich auch, sie hat einen starken Geschlechtstrieb. Sie braucht einen Mann, der stark ist um sie zu beherrschen."

Und nach einigem Nachdenken ergänzte er: „Vielleicht gerade so einen, wie diesen wilden Gesellen, den sie hinrichten wollen."

Am Abend ging der Vater zum Gefängnis. Er war ein reicher Kaufmann und so bestach er die Wachen, den Delinquenten herauszugeben. Man wurde handelseinig. Die Wachen suchten sich einen anderen jungen Mann, der angetrunken nach Hause wankte, kerkerten diesen statt des Räubers ein und brachten den wilden Kerl ins Haus der Kaufmannsfamilie. Die Ehe wurde sofort vollzogen, denn Braut und Bräutigam einte Gier und Geschlechtslust.

Doch während Bhadda nur sexuelle Gier hatte, verlangte es den Räuber auch nach materiellen Besitztümern. Er selbst hatte nichts, jedoch die Familie seiner jungen Frau war reich und Bhadda selbst hatte erlesenen Schmuck. Er sann darüber nach, wie er sich in den Besitz des Schmuckes bringen konnte. Sein Interesse an Bhadda war eher kurzfristiger Natur. Noch viel verlockender als die junge Frau, deren Umarmungen er jetzt einige Male genossen hatte, schien ihm ihr Geschmeide.

„Ich habe, während sie mich in die Todeszelle führten, ein Gelübde abgelegt", log er, „wenn ich freikomme, so habe ich der Felsgottheit im Gebirge ein Opfer versprochen. Zieh deine besten Sachen an und komm mit, wir werden jetzt zum Opferplatz gehen." Bhadda machte sich fertig, doch ihr wilder Mann bedrängte sie dann, all ihren Schmuck anzuziehen, jedes einzelne Stück. Bhadda wurde es unheimlich.

Danach gingen sie ins Gebirge auf einen steilen Berg. Bhadda atmete heftig, denn sie musste die Steigung unter dem schweren Gewicht ihrer Preziosen zurücklegen. Schließlich kamen sie an eine Stelle, die Räuberklippe hieß, denn hier ließ der König von Maghada die Verbrecher zu Tode stürzen. Bhadda hatte eine unheimliche Ahnung, was ihr bevorstand.

„Zieh dich aus, Kleines", sagte der Räuber. Bhadda zog ihre Kleider aus.

„Das auch", verlangte der Mann und zeigte auf ihr Diadem. So musste Bhadda Stück für Stück all ihren Schmuck ablegen, Ketten, Armbänder, Ringe, sogar die Ohrringe. Als sie sich schließlich aller ihrer Sachen entledigt hatte, und sie ganz nackt vor ihm stand entschied sich der Räuber, sie ein letztes Mal zu nehmen. Er stürzte sich auf sie und sie paarten sich direkt an der Räuberklippe. Bhadda war sicher, dass der Mann sie, kaum dass er sich befriedigt hätte, zu Tode stürzen würde.

Aber sie war ein kluges Mädchen und wusste, dass sie genau eine Chance hatte. In dem Moment seiner höchsten Lust, als seine Sinne ganz von Geschlechtslust benebelt waren, schleuderte sie ihn die Klippe hinab.

Bhadda zitterte am ganzen Körper. Sie sah, dass alles, was geschehen war, aufgrund von Gier passiert war. Aufgrund ihrer Geilheit, aufgrund seiner Geschlechtslust und aufgrund seiner Gier nach Reichtum. Sie verspürte keine Lust mehr unter diesen Umständen in das bürgerliche Leben einer Kaufmannsfamilie zurückzukehren, zu ihrer Händlerkaste, deren Antrieb auch die Gier war. Sie beschloss Wanderasketin zu werden und schloss sich dem Orden des *Jainismus* an, der Jünger *Mahaviras*, der gewissermaßen die spirituelle Konkurrenz des Buddha anführte.

Als sie den Jains berichtete, was sich zugetragen hatte, bedachten diese Bhadda mit einer speziellen Strafe. Man riss ihr sämtliche Haare samt Wurzeln aus. Auf diese Art wollte man sie so verunstalten, dass sie nach dem damaligen Schönheitsideal abgrundhässlich war und daher nie wieder einen Mann würde bezirzen können. Bhadda hatte jedoch gar kein Interesse mehr an Männern. Zwar wuchs ihr Haar merkwürdigerweise nach, diesmal allerdings nicht glatt, sondern in wunderschönen Locken, aber nachdem sie ihren Mann während des Geschlechtsaktes getötet hatte, hatte sie nie wieder Verlangen, diesen Akt zu vollziehen, ihr graute vor der Erinnerung - und vor der Kraft der Gier.

Auf Dauer gefiel es Bhadda nicht bei den Jains, sie stellte fest, dass es dort nicht möglich war, zur Erleuchtung zu kommen, und so besuchte sie zahlreiche geistliche Lehrer und war ob ihres scharfen Intellekts und ihrer hervorragenden Debattierkunst bald eine berüchtigte Diskussionsrednerin.

So zog sie als *sophistische* Philosophin durch Indien und bald war bekannt, dass sie eine besondere Marotte hatte: sie häufte etwas Sand an, steckte einen Rosenapfelzweig hinein und, wer mit ihr diskutieren wollte, musste den Sandhaufen zertreten.

Eines Tages kam sie auch nach *Savatthi*, wo im Jetahain Anathapindikas Kloster war. Dort hielt sich der Buddha während insgesamt 19 Regenzeiten zum Retreat auf. Sariputta hörte von der Ankunft Bhaddas und schickte einige Kinder hin, um ihren Sandhaufen zu zertreten.

„Wer hat euch geheißen, das zu tun", fragte sie die Kinder.

„Das war *Sariputta*", sagten sie, „der Marschall der Lehre des Buddha."

Eine siegesgewisses Lächeln zeigte sich auf den Gesicht der lockigen Frau. „Wohlan, dann werde ich wohl diesem sogenannten Marschall der Lehre einige Fragen stellen, um ihm zu zeigen, dass er nichts weiß. Haha, kein Mann kann sich mit mir messen."

So trafen Sariputta und Bhadda aufeinander, zwei der schärfsten intellektuellen Geister dieses Landes der Philosophen und Denker. Bhadda stellte Sariputta eine schwierige philosophische Frage, der beantwortete sie ohne zu zögern. „Nicht schlecht", dachte Bhadda und formulierte eine zweite Frage. Das gleiche wiederholte sich. So ging es einige Zeit. Dann entstand eine Pause. Bhadda hatte alle schwierigen philosophischen Fragen der unterschiedlichsten Denkschulen, denen sie begegnet war, gestellt - und dieser Mann, der bekanntermaßen immer nur einer Schule, der des Buddha angehört hatte, hatte alles beantwortet, teilweise völlig unkonventionell, doch immer mit bestechender Logik. Sie sah

Sariputta an. Konnte es sein, dass es einen Mann gab, der ihr ebenbürtig war?

In diesem Moment stellte Sariputta eine Frage: „Was ist das Eine?"

Die Frage erschütterte sie. So einfach diese Frage gestellt war, so wenig konnte man drauf eine Antwort geben. Am ehesten würde die Antwort „Gott" passen, aber das ging nicht, denn erstens glauben diese Buddhisten nicht an Gott und zweitens befindet sich Gott in der Unendlichkeit und damit gäbe es ein zweites.

Bhaddas Hirn arbeitete fieberhaft. Sie fand keine Antwort. Also bat sie Sariputta, ihr des Rätsels Lösung zu präsentieren.

„Die", so antwortete Sariputta, „gebe ich nur Angehörigen des buddhistischen Ordens", sprach's, verbeugte sich vor der weisen Frau und zog von dannen.

Wenn es "das Eine" gäbe, so musste sie das erfahren, war sich Bhadda sicher - und beschloss dem Orden des Buddha beizutreten. Dummerweise befand sie sich jedoch bei einem Männerkloster, wo man sie nicht ordinieren konnte, also suchte sie die Sangha der Bhikkhunis, der buddhistischen Nonnen, auf, wo sie alsbald ordiniert wurde.

Kurz darauf machte sie sich wieder nach Savatthi auf, doch Sariputta war nicht mehr da. Bhadda praktizierte nunmehr gemäß der Lehre des Buddha, jedoch trieb die Frage nach „dem Einen" sie weiter um. Eines Tages kam der Buddha nach Savatthi. Bhadda bat Ananda, den Sekretär des Buddha, ihr einen Termin beim Erhabenen zu machen.

Der Buddha sah sofort, dass Bhaddha der Erleuchtung nahe war.

„Erhabener", so fragte sie ihn, „was ist <u>das Eine</u>?

Habe nun, ach!
Philosophie und Medizin,
Und leider auch Theologie
Durchaus studiert, mit heißem Bemühn.
Da steh ich nun, ich arme Torin!
Und bin so klug als wie vorhin;   *(sehr frei übersetzt)*

denn Sariputtas Frage weiß ich nicht zu beantworten. Bitte sagt mir, Erleuchteter, was ist das Eine?"

Der Buddha lächelte unwillkürlich, als er ihre Formulierung hörte, die wie aus einer anderen Zeit klang, dann antwortete er ebenfalls in Versen:

„Man mag tausend Verse hören,
aus Zeilen ohne Sinn und Zweck.
Besser ist eine einzig´ Zeile
Voller Bedeutung.
Wer sie hört, gelangt zur Ruhe."

Im selben Augenblick als sie dies hörte, erreichte Bhadda die volle Erleuchtung, sie gelangte zur Ruhe.

Der Buddha listete bei einer späteren Gelegenheit Bhadda auf der Hitliste der Frauen, die schnell verstehen, auf Platz eins.

Lebensrad und Spiralpfad

eine Geschichte aus dem Pali-Kanon
neu erzählt von Horst Gunkel

Dhammadinna war die Ehefrau von Visakha, einem reichen Kaufmann aus *Rajagaha*, der Hauptstadt von *Maghada*. Visakha war sogar mit dem König von Maghada, *Bimbisara* befreundet.

Als der Buddha wieder einmal im Bambushain von Rajagaha weilte, ging Visakha dorthin, um einer Lehrrede des Erleuchteten zu lauschen. Visakha war nicht nur ungeheuer beeindruckt von diesem Vortrag, er wurde vielmehr völlig aus seiner bisherigen Bahn geworfen. Am Ende der Lehrrede hatte Visakha die dritte Stufe der Heiligkeit erreicht, er war zum Nichtwiederkehrer geworden.

Visakha berichtete seiner Frau von der Unerhörtheit seines Erlebnisses und auch Dhammadinna war beeindruckt. Sie entschloss sich, dem weltlichen Leben zu entsagen und nach Erleuchtung zu streben. Visakha respektierte den Entschluss seiner Frau. Er ging zu König Bimbisara, um ihn von der Entscheidung Dhammadinnas in Kenntrnis zu setzen, und dieser war so erfreut über diese Entwicklung, dass er einen goldenen Pavillon aufbauen ließ, in dem die buddhistischen Nonnen Dhammadinna ordinierten. Der Buddha war selbstverständlich nicht zugegen, denn der Nonnenorden regelte alle seine Geschäfte in völliger Unabhängigkeit von den Mönchen und auch vom Buddha. Dann zog die Frischordinierte mit dem Nonnenorden weiter. Dhammadinna praktizierte eifrig und erlangte schon bald die Arahatschaft, die vierte und höchste Stufe der Heiligkeit.

Einige Zeit später kehrte Dhammadinna in den Bambushain zurück, denn dort weilte der Buddha, dessen Lehrreden Dhammadinna lauschen wollte. Visakha war natürlich gespannt, Dhammadinna wiederzusehen und war interessiert daran, ihre spirituellen Fortschritte zu sehen. Eigentlich glaubte Visakha nicht, dass seine Frau besonders weit gekommen war. In Wirklichkeit wollte er nur hören, ob sie irgend etwas begriffen hatte. Aber schon nach wenigen Sätze wurde ihm klar, dass das, was sie sagte, tiefgründig war und dass sie – eine Frau! – dabei war, ihn zu belehren. Das war im damaligen Indien völlig ungewöhnlich, aber Dhammadinna war durch ihre Zeit im Nonnenorden nicht nur zur vollen Erleuchtung gekommen, sie war auch selbstbewusst genug, es sich wie selbstverständlich herauszunehmen, auch Männer zu belehren, wenn diese ihr Fragen stellten.

So stellte Visakha ihr tiefgründige Fragen, zum Beispiel: „Was, meine liebe Dhammadinna, ist wohl die Natur des Selbst?" Und dann lehnte er sich zurück, um zu hören, ob sie denn etwas von der Lehre begriffen habe.

„Das Selbst, werter Visakha, besteht aus fünf Konglomeraten, den skandhas, und dass es entsteht kommt durch unser Verlangen, also vergeht es, wenn unser Verlangen schwindet. Nur so kann man zur Selbstlosigkeit kommen, zu anatta, was die unabdingbare Voraussetzung zur Erleuchtung ist."

Dann erläuterte Dhammadinna ihrem Ex-Mann den Edlen Achtfachen Pfad und schließlich kam sie auf zwei unterschiedliche Arten von Bedingtheit zu sprechen:

„Nun ist Bedingtheit nicht immer von gleicher Art, werter Visakha. Es gibt vielmehr zwei Grundformen der Bedingtheit, die im Universum wie im menschlichen Leben wirken. Die erste können wir als die „kreisförmig verlaufende" oder „reaktive" Art der Bedingtheit bezeichnen. Die zweite ist gewissermaßen aufwärtsgerichtet, weiterführend, fortschreitend. Im Fall der kreisförmigen Form von Bedingtheit läuft ein Prozess nach dem Schema Aktion-Reaktion zwischen Gegensatzpaaren ab: Freud wechselt mit Leid, Glück mit Unglück, Verlust mit Gewinn und - im größeren Zusammenhang einer ganzen Reihe von Leben - Geburt mit Tod. In diesem Zusammenhang ist auch die Lehre von der Wiedergeburt zu sehen: Geisteszustände vergehen nicht dauerhaft, sondern kehren wieder, man sagt sie werden *wiedergeboren*.

Demgegenüber zeichnet sich die aufwärtsgerichtete Art der Bedingtheit durch eine allmähliche Entwicklung aus, wie zwischen Faktoren, die einander fortschreitend steigern. Hier verstärkt der folgende Faktor die Wirkung des vorhergehenden, statt ihm entgegenzuwirken oder ihn aufzuheben. In Abhängigkeit von Freude (pamojja) entsteht beispielsweise nicht Leid, sondern Extase (piti). In Abhängigkeit von solcher Extase entsteht nicht Unglück, sondern Glückseligkeit (sukha). In Abhängigkeit von sukha entsteht samadhi - tiefe Meditation, die letztlich zur Einsicht führt.

Da gibt es mit anderen Worten eine samsarische, zyklische, reaktive Tendenz innerhalb der konditionierten Existenz, in der die einzelnen Geisteshaltungen sich mit ihrem Gegenteil abwechseln und andererseits gibt es da eine nirvanische, kreative und aufwärtsgerichtete Tendenz, in der sich die positiven Geisteszustände gegenseitig verstärken. Dies auf der Basis von sraddha, von Zufluchtnahme zum Buddha, zu seiner Lehre und zur Gemeinschaft der Heiligen zu entwickeln, ist die Aufgabe des spirituellen Lebens. So erreicht man letztendlich **Nirwana**."

„Und wohin", fragte Visakha weiter, „führt dann Nirwana?"

„Damit gehst du einen Schritt zu weit, mein lieber Visahka. Du übersiehst, dass es eine Grenze für solcherlei Fragen gibt. Der Kulminationspunkt des spirituellen Lebens ist Nirwana – das ist das Ende." Und als sie seinen ungläubigen Blick sah, ergänzte Dhammadinna: „Geh´ hin zum Buddha, er ist in der Stadt, frage ihn und merke dir gut, was er dir sagt."

In der Tat ging Visakha zum Buddha, denn neben der letzten Aussage verwunderte ihn insbesondere die Darstellung des zyklischen Pfades und des Spiralpfades. Er hatte schon viel vom Dharma gehört, jedoch diese Darstellung war ihm – wie den meisten Buddhisten bis zum heutigen Tag – noch nicht zu Ohren gekommen. Und er fragte sich besorgt, ob das wirklich die Lehre des Buddha war, oder vielleicht etwas, was sich diese Nonnen ausgesponnen hatten! Also begab sich Visakha zum Buddha.

„Erhabener, ich habe lange eure Lehre studiert. Heute habe ich mit einer Nonne gesprochen, mit Dhammadinna, die im früheren Leben meine Frau war. Sie hat mir eine sehr eigentümliche Auslegung des Dhamma gegeben."

„So, Visahka, du hast mit Dhammadinna gesprochen, das ist eine außergewöhnlich kluge Nonne, was hat sie euch denn gesagt?"

Und dann wiederholte Visakha die gesamte Darstellung Dhammadinnas, insbesondere die Darstellung des zyklischen Pfades, also des Lebensrades, einerseits und des merkwürdigen aufwärtsgerichteten Pfades, von dem Dhammadinna gesprochen hatte, andererseits. Und Visakha endete mit den Worten: „Genau so hat Dhammadinna es geschildert, Erhabener, wie beurteilt ihr diesen Sachverhalt."

„Mein lieber Visakha, Dhammadinna ist eine ganz außerordentliche Bikkhuni. Genauso wie Dhammadinna es euch erläutert, mit genau denselben Worten hätte ich es euch erläutert. Dhammadinna verkündet in der Tat *Buddhavacana*, das heißt, ihre Worte sind von der Weisheit eines Buddha. Sie ist eine Erleuchtete - und ist darüber hinaus nicht nur mit einem scharfen Verstand, sondern auch mit einer bewundernswerten Lehrfähigkeit begabt."

Soweit der Kommentar des Buddha. Und wenn denjenigen unter euch, die bei der Buddhistischen Gemeinschaft *Triratna* praktizieren, das, was Dhammadinna da gesagt hat, irgendwie bekannt vorkommt, so ist das nicht sehr verwunderlich. Es ist letztendlich das, was wir bei Triratna lehren. Die Lehre des Buddha, angelehnt an eine Formulierung der ehrwürdigen Bhikkhuni Dhammadinna und für uns in zeitgemäßen Begriffen formuliert von Sangharakshita.

Mahakassapa

eine Geschichte aus dem Pali-Kanon
neu erzählt von Horst Gunkel

Mahakassapa (= Kassapa der Große) ist einer der ganz wichtigen Jünger Buddhas. Er leitete das erste buddhistische Konzil, das auf sein Betreiben hin einberufen wurde, und gilt in China und Japan als erster Patriarch des Chan- bzw. Zen-Buddhismus.

Der bürgerliche Name Mahakassapas war Pipphali. Er wurde als Kind reicher brahmanischer Eltern im Lande *Maghada* geboren und zeigte schon als Jugendlicher asketische Züge. Seine Eltern sahen dies nicht gerne und wollten ihn verheiraten, was auf wenig Gegenliebe Pipphalis stieß. Da die Eltern jedoch drängten, ließ er bei einem Goldschmied eine Statue von unglaublicher Schönheit anfertigen: „Nur wenn es euch gelingt ein Mädchen zu finden, das dieser gleicht, bin ich bereit zu heiraten."

Die Eltern ließen ein solches Mädchen suchen und es wurde tatsächlich in einem Nachbarland gefunden. Glücklicherweise war diese junge Frau – ihr Name war Bhadda Kapilani - ebenso asketisch und auf der Suche nach Weisheit, sodass beide zwar formal heirateten aber die Ehe nie vollzogen wurde.

Nach dem Tod der Eltern weigerten sich die beiden, die Landwirtschaft zu übernehmen, da beim Ackerbau zwangsläufig Wesen vernichtet würden: Würmer und Insekten. Sie gaben ihren Sklaven die Freiheit und verließen ihren Hof, um in die Hauslosigkeit zu ziehen. Da sie der Auffassung waren, es werde als unschicklich angesehen, wenn eine Frau und ein Mann zusammen umherzögen, trennten sie sich. Sehr viel später, als es bereits den Nonnenorden gab, wurde Bhadda Kapilani im buddhistischen Nonnenorden ordiniert, sie erreichte die Erleuchtung und wurde eine der Lehrerinnen des Nonnenordens.

Nach der Trennung von Bhadda ging Pipphali zunächst einige Meilen allein, aber der Buddha, der sehr wohl wusste, dass ein bedeutender Jünger auf dem Weg zu ihm war, ging ihm entgegen.

Pipphali erkannte sofort, dass es sich bei dem Buddha um einen großen Meister handeln müsse, und er warf sich dem Erhabenen zu Füßen: „Der Gesegnete, Herr, ist mein Lehrer und ich bin sein Schüler!"

Der Erhabene aber gab dem Novizen den Namen *Kassapa* und sogleich eine dreifache Belehrung:

„So sollst du dich üben:

- ein tiefes Gefühl der Scham vor Fehlverhalten sollte stets in mir vorhanden sein;

- immer wenn ich eine Lehre höre, die zu etwas Heilsamen führt, sollte ich aufmerksam zuhören, sie prüfen, über sie nachdenken und sie schließlich in mein Herz aufnehmen;

- Körperachtsamkeit zusammen mit Freude sollte ich nie vernachlässigen."

Kassapa tat, wie ihm aufgetragen und nach sieben Tagen erreichte er die Arahatschaft. In diesen sieben Tagen ging Kassapa zusammen mit dem Buddha auf Almosengang. Einmal wollte sich der Buddha auf einem umgestürzten Baum niedersetzen, da nahm Kassapa sein Obergewand, faltete es zusammen und bot es denn Buddha als Sitz an.

„Sehr weich ist dein Gewand, ein guter Stoff," sagte der Buddha.

„Möge der Vollendete diese Robe von mir als Geschenk annehmen", bot Kassapa daraufhin den Kleidertausch an.

„Aber Kassapa, kannst du denn auf deiner zarten Haut meine abgenutzten Kleider aus Hanf tragen?"

„Gewiss, Meister", antwortete Kassapa. Es war das einzige Mal, dass der Buddha mit jemandem die Roben tauschte. Das Tragen einfacher, aus Fetzen bestehender Kleidung, maximal drei Roben, galt als ausgemachte Tugend der Askese auf dem Mittleren Pfad.

Nur selten belehrte Kassapa die Mönche. Er hatte große Erreichungen, so beherrschte er nicht nur die vier feinkörperlichen sondern auch die vier unkörperlichen Vertiefungen, wann immer er es wünschte. Seine große Zeit jedoch kam nach dem Tod des Buddhas.

Von den fünf bedeutendsten Jüngern, die sich auf dem Inspirationsbaum von *Triratna* befinden, war beim Tod Buddhas nur einer anwesend: *Ananda*. *Sariputra* und *Moggalana* waren kurz zuvor gestorben und Dhammadinna befand sich als Nonne natürlich nicht bei den Mönchen. So erhält Kassapa erst etwas nach dem Hinscheiden des Buddha die Todesnachricht. Wie alle *Arahats* ist er gefasst, als er dies vernimmt, denn was entstanden ist, muss auch vergehen. Die Verbrennung der Leiche Buddhas hatte zu diesem Zeitpunkt noch nicht stattgefunden, denn der ehrwürdige Anuruddha hatte erklärt, man wolle noch das Eintreffen Mahakassapas abwarten. Kaum war dieser eingetroffen, konnten die sterblichen Überreste des Buddha angezündet werden. Hinterher kam es zu einem heftigen Streit zwischen verschiedenen Anhängergruppen um die Reliquien. Die ehrwürdigen Mönche hielten sich dabei zurück und schließlich teilte einer der anwesenden Brahmanen die Reliquien in acht Teile, damit jede der Gruppen das erhielt, was von allen als einigermaßen gerecht empfunden werden konnte. Mahakassapa überbrachte dem König seines Heimatlandes *Maghada*, *Ajatasattu*, höchstselbst dessen Anteil an den Reliquien.

Viel mehr als um die Reliquien sorgte sich Mahakassapa allerdings um den Erhalt des geistigen Potentials des Buddha. Er hatte nämlich mitbekommen, wie einige jüngere Mönche den Tod des Buddha kommentierten: „O.k., o.k., er ist tot. Aber sehen wir es doch einmal so: jetzt sind wir den großen Asketen los mit all seinen Vorschriften und Anweisungen. Endlich können wir das tun, was wir wollen, ohne dass uns einer immer dreinredet."

Mahakassapa stellte Subhadda, der das gesagt hatte, nicht zur Rede. Er betrieb auch nicht dessen Ausstoß aus dem Orden. Mahakassapa war der Meinung, solches Denken sei nicht nur bei einem Mönch vorhanden. Er wusste nur zu genau, dass alles vergänglich ist, auch das Erbe Buddhas. Allerdings bedeutet „*Bedingtes Entstehen*" auch, dass man dem nicht fatalistisch ergeben sein muss, sondern dass man dem allzu raschen Verfall vorbeugen kann.

Er trat mit seiner Idee eines buddhistischen Konzils an andere einflussreiche Mönche heran, wobei zweierlei festgelegt werden müsse: das, was zu Dharma gehört, und der Vinaya, die Regeln für Mönche und Nonnen, damit die Laxheit, wie sie Subhadda vorgetragen hatte, sich nicht ausbreitete. Auf Antrag Mahakasspas wurden 500 Arahats gewählt, die das Konzil bilden sollten. Um die Teilnahme Anandas gab es noch heftige Diskussionen, denn dieser war zu dem Zeitpunkt noch nicht erleuchtet. Dieses Problem war jedoch bis zum Beginn des Konzils behoben.

So kam es zum Ersten Konzil in *Rajagaha*, dessen Präsident Mahakassapa war. Er soll damals bereits 120 Jahre alt gewesen sein.

Gemäß dem Anlass, aus dem das Konzil zusammengerufen worden war, wurde zuerst der Vinaya, der Kodex der Mönchsregeln festgelegt. Zwar hatte der Buddha gesagt, die unwichtigeren davon könnten entfallen, doch er hatte nicht festgelegt, welche dies waren. Daher entschied man sich auf Mahakassapas Vorschlag hin, alle Regeln beizubehalten, um eine Erosion der Mönchsdisziplin zu unterbinden.

Anschließend wurden die Lehrreden des Dharma kanonisiert. Mahakassapas Ansehen war jetzt auf dem Höhepunkt. Zwar hatte der Buddha keinen Nachfolger, kein Ordensoberhaupt, bestimmt, aber allgemein wurde Mahakassapa als solches angesehen, wozu sicher auch sein Alter beitrug, ebenso wie die Tatsache, dass der Buddha seine Bettelschale - sein einziger Besitz - unmittelbar vor seinem Tode dem Mahakassapa geschenkt hatte.

Eines Tages übergab Mahakassapa *Ananda* die Bettelschale des Buddha und ging zurück nach Maghada. Die Übergabe der Almosenschale wurde von den Mönchen so interpretiert, dass Ananda jetzt der spirituelle Leiter der *Sangha* sei.

Kassapa aber stieg auf den Berg Kukkatapada, sagt die Legende, setzte sich in eine Höhle mit untergeschlagenen Beinen um zu warten. Die Legende besagt weiter, dass König *Ajatasattu* und Ananda Mahakasspa in seiner Höhle aufsuchten. Der König wollte den leblosen Körper einäschern lassen, aber Ananda klärte den König auf: Mahakassapa müsse dereinst die Robe des Buddha Shakyamuni dem Buddha der Zukunft, Maitreya, überreichen.

In vielen chinesischen Legenden wird davon erzählt, wie Mönche auf diesem Berg zur Pilgerreise waren und die sitzende Leiche Mahakassapas gesehen hätten, der dort noch immer auf das Eintreffen Maitreyas wartet.

Das Milchmädchen, das den Lauf der Welt änderte

– erzählt von Horst Gunkel in Anlehnung an den Palikanon –

Sie hieß Sujata, und sie war ein einfaches Mädchen. Sie konnte nicht lesen und nicht schreiben, nicht weiter rechnen, als sie mit den Fingern zählen konnte, und sie war nie weiter als zehn Meilen von ihrem Geburtsort entfernt gewesen. Wozu auch, sie war ja nur ein einfaches, rechtschaffenes Mädchen. Sie tat, was ihre Eltern sie hießen: sie molk die Kühe, half bei der Käsezubereitung und, wenn einmal in der Woche der Händler aus der Stadt mit dem Ochsenkarren vorbei kam, um den Käse abzuholen, war das ihr Höhepunkt der Woche, denn der Händler erzählte, was draußen in der Welt vorging.

Nun ja, eigentlich erzählte er nur, was in der Stadt vorging, aber Sujata kannte nicht den Unterschied zwischen der Stadt und der Welt. Ihre eigene Welt war schließlich nur so groß, wie sie in einem halben Tag gehen konnte, denn sie musste ja noch zurück, bevor es dunkel war. Und dann gab es da noch den Fluss, der eine natürliche Grenze war. Noch nie war Sujata auf der anderen Seite des Flusses gewesen. Auch ihre Eltern waren niemals da drüben gewesen. Eigentlich war dort noch fast niemand gewesen, nur zwei alte Männer im Dorf, aber die sprachen nicht darüber.

Sujata war ein artiges Milchmädchen und tat, was ihre Eltern ihr sagten. In zwei Jahren würde sie den Mann heiraten, den ihr die Eltern ausgesucht hatten – natürlich. Jedes Mädchen heiratete den Mann, den die Eltern ihr ausgesucht hatten; niemand wäre auf die Idee gekommen, sich dem zu widersetzen. Schließlich waren es ihre Eltern, und Eltern ehrt man, den Eltern gehorcht man.

Auch an diesem Tag hatten ihre Eltern wieder einen Auftrag für sie: sie sollte den Baumgeistern, die in dem großen Ficusbaum nahe des Flusses wohnten, das Opfer bringen. Man opferte den Baumgeistern, manchmal auch den Göttern. Das war so. Die Eltern hatten das gesagt, also wurde es getan. Manchmal wurde sie geschickt, manchmal ihre große Schwester.

Sujata hatte aber Angst, weil sie sich einmal sehr erschreckt hatte vor einer großen Raubkatze, die in der Nähe des Flusses eine Ziege gerissen hatte. Als sie erschrocken stehen geblieben war, wurde sie von dem Tier mit dem vor Blut triefenden Maul angefaucht. Da hatte sie große Angst bekommen. Daher war es ihr lieber, wenn ihre Schwester ging. Heute aber bestanden ihre Eltern darauf, dass sie selbst ging, sie sei schließlich kein kleines Kind mehr. Und wenn die Eltern darauf bestanden, dann musste sie eben gehen.

Also nahm sie die Gaben für die Baumgeister, die in dem mächtigen Ficus in der Nähe des Flusses wohnten, in ihre Hände und ging los. Unterwegs sprach sie sich Mut zu und musste gleichzeitig aufpassen, dass sie ja nichts von dem Milchreis mit Rosinen verschüttete, den sie den Baumgeistern opfern sollte.

Sie ging den schmalen Pfad entlang und passte auf, wohin sie trat, denn es gab hier Hundertfüße, große giftige Insekten, die rasch auf dem Boden entlang liefen und die gefährlicher waren als die Skorpione. Als sie den großen Baum schon von weitem sehen konnte, hörte sie ein merkwürdiges Stöhnen in der Nähe der Baumwurzeln. Ihr wurde unheimlich zumute. Aber was sollte sie tun? Schließlich hatten ihre Eltern sie geheißen, die Schale mit Milchreis direkt am Fuße des Baumes abzustellen, damit sich die Baumgeister auch wirklich davon bedienen konnten.

Doch was war das? Direkt unter dem Baum lagen Lumpen. Ob die jemand da verloren hatte? Oder ob womöglich die Raubkatze einen Menschen...? Da bewegte sich etwas – und aus dem Lumpen trat eine Hand hervor – eine Hand! Und was für eine Hand! Eigentlich nur Haut und Knochen. Da musste ein in Lumpen gekleideter Mensch drin sein! Jetzt schaute auch ein Bein hervor. Noch niemals hatte Sujata so etwas gesehen, ein Bein, das nur aus Haut und Knochen bestand. Sujata schauderte. Es muss ein Anblick gewesen sein, wie er sich im 20. Jahrhundert den Befreiern der KZ-Insassen bot.

Sujata traten die Tränen in die Augen, aber sie öffnete die Lumpen und sah zwei Augen - in Augenhöhlen tief wie Wasserbrunnen. Dieser Mann lebte noch, aber wie lange noch? Er war zu schwach zum Aufstehen. Seine Lippen bewegten sich: „Wasser" hauchte er. Sujata lief zum Fluss und brachte ihm in ihrem eigenen Trinkgefäß, einem Kuhhorn, Wasser.

Der Mann trank und lächelte sie dankbar an. Dann schaute Sujata auf den Baum, sah den Mann an, schaute wieder auf den Baum und sagte in Richtung des Baumes: „Tut mir leid, ihr mächtigen Baumgeister, aber das hier ist wichtiger."

Dann nahm sie einen Happen von dem Milchreis in ihre Finger und führte ihn an den Mund des Schwachen. Der hatte vor Dankbarkeit eine Träne in den Augen. Eine einzige Träne nur, mehr Flüssigkeit wollte, konnte sein geschundener Körper nicht hergeben. Sie gab dem Mann noch drei Bissen, dann schüttelte dieser den Kopf. „Aber du kannst doch noch nicht satt sein."

„Ich esse später noch davon", antwortete der leise, „wenn ich darf."

„Sicher", sagte sie, „kommst du jetzt klar? Ich muss dann nämlich nach Hause, sonst suchen sie mich. Aber ich komme wieder, gleich morgen." Dankbar lächelte der Mann seine Wohltäterin an.

Sujata hatte ihren Eltern erzählt, dass sie schon viel weniger Angst hatte und dass sie den Baumgeistern versprochen habe, die ganze Woche wieder zu kommen, jeden Tag. Die Eltern freuten sich, dass ihre Tochter offensichtlich im Begriff war, die Angst vor den wilden Tieren zu überwinden. Und so durfte Sujata am nächsten Tag wieder zu den Baumgeistern in den Wald.

„Hoffentlich lebt er noch", dachte sie, als sie losging, denn plötzlich war ihr klar geworden, dass das keineswegs selbstverständlich war, so schwach wie der zerlumpte Mann war. Umso größer war ihre Freude als sie sah, dass er sich aufgesetzt hatte.

„Ich kann sogar schon ein paar Schritte gehen", erzählte ihr der Mann von seinen Erfolgen, „nur bis zum Fluss schaffe ich es noch nicht."

„Ich hole dir gleich Wasser," rief sie und war schon unterwegs, das Kuhhorn zu füllen.

So ging es einige Tage lang, die beiden hatten inzwischen ein paar Worte gewechselt. Er hatte nach ihrem Namen gefragt, und auch sie wusste jetzt, dass er Siddharta hieß. Da Sujatas Eltern heute ins Nachbardorf zu den Großeltern gegangen waren, hatte sie etwas mehr Zeit als sonst. So setzte sie sich neben den inzwischen etwas zu Kräften gekommenen Siddharta und fragte ihn: „Warum warst du eigentlich so schwach? Warst du krank? Es gibt doch überall Früchte und essbare Wurzeln, und du hättest doch auch betteln können."

„Weißt du, Sujata, ich wollte Weisheit erreichen, absolute Weisheit. Ich wollte wissen, warum es Leiden gibt und wie man es überwinden kann. Das Leben kann so furchtbar grausam sein. Man will eigentlich nichts Böses tun und doch schadet man Menschen. Schon bei meiner Geburt war das so. Meine Mutter war mit einer Kutsche unterwegs, als die Wehen einsetzten. Ein Arzt war dabei und stellte fest, dass eine normale Geburt nicht möglich war – hat er jedenfalls gesagt. Also kam ich durch Kaiserschnitt zur Welt. Einige Tage darauf starb meine Mutter. Es ist schrecklich: damit ich leben konnte, musste sie sterben.

Oder nimm dieses Beispiel: Eines Tages, als ich gerade sieben Jahre alt war, sah ich wie mein Vetter *Devadatta* einen Schwan schoss. Ich eilte hin, um das Tier zu retten, ich versteckte es, sein Flügel war gebrochen. Ich habe ihm dann den Flügel geschient. Aber Devadattas Eltern wollten, dass ich das Tier herausgab. Ich habe mich geweigert. Und da mein Vater *Gerichtsherr* war, verlangte Devadattas Vater von diesem das Recht für seinen Sohn Devadatta, er hätte den Schwan geschossen, also gehöre er ihm. Ich sagte, man solle sich in die Situation des Schwanes versetzen und überlegen, zu wem der wolle, zu dem, der ihn geschossen hat, oder zu dem, der ihn verarztet hat. Da lachte mein Vater und entschied, dass der Schwan mir gehöre. Zunächst war ich sehr erfreut, aber dann, als Davadatta heulend weggegangen war, machte mein Vater mir klar, dass das, was er gesprochen habe, Unrecht sei. Tiere hätten keine Rechte, ebenso wenig wie Sklaven. Verstehst du, Sujata: das, was sie Recht nennen ist in Wirklichkeit Unrecht – es schadet den Wesen."

Sujata blickte nachdenklich: „Das mit dem Recht und dem Unrecht und deinem Vater verstehe ich nicht. Aber wenn du meinst, Tiere sollten auch leben dürfen, dann iss doch einfach nur noch Pflanzen."

„Eben, das dachte ich auch, Sujata. Aber dann sah ich, wie ein Feld gepflügt wurde, damit Kartoffeln angepflanzt werden konnten. Ich sah, wie ein Ochse den Pflug durch den schweren Boden zog, das war an einem ganz heißen Tag. Tausende von Fliegen umschwärmten das Tier und der arme Ochse hatte kaum noch Kraft. Aber der Bauer schlug ihn mit der Peitsche. Und als ich dann den Bauern ansah, merkte ich, dass der das auch nicht aus Bosheit machte, sondern dass der genauso matt war wie der Ochse und bei der Hitze nur rasch fertig sein wollte, und ich bemerkte auch, dass das Pflughalten den Bauern schmerzte, er schien Rheuma zu haben. Und dann – es war so deprimierend – zerschnitt dieser Pflug lauter Insekten, Schnecken und Engerlinge. Die wurden lebendigen Leibes geteilt! Darüber schienen sich die Vögel zu freuen, denn viele kleine Vögel folgten dem Pflug, um die Insekten zu fressen. Und dann kam ein Raubvogel und stürzte sich auf einen dieser kleinen Vögel, nahm ihn mit auf einen Baum und begann ihn zu rupfen. Die Menschen jagen, die Menschen fischen und selbst, wenn sie Ackerbau betreiben, erzeugen sie Leid."

„Aber niemand kann daran etwas ändern, man muss die Dinge sehen, wie sie sind, und das annehmen, was man nicht ändern kann, Siddharta. Was könntest du dagegen tun?"

„Ich ging zu den berühmtesten Weisheits-Lehrern", sagte Siddharta, „die sagten mir, das Fleisch sei böse, man müsse den Geist befreien, indem man den Körper überwindet. In den letzten Jahren habe ich das versucht. Ich habe versucht, meinen Körper zu überwinden. Ich habe gehungert und nur von einem einzigen Reiskorn am Tage gelebt. Ich hatte sogar fünf Jünger, die mir gefolgt sind, weil sie sagten: wenn einer den Körper überwindet, dann Siddharta. Jetzt weiß ich, dass das ein Irrweg ist."

Das Mädchen wunderte sich: „Aber wieso hast du denn gedacht, dass man den Körper besiegen muss."

Siddharta lächelte: „Weißt du, als Kind hatte ich alles, was man sich nur wünschen kann. Ich lebte in einem Palast. Mein Vater hatte sogar drei Paläste. Es gab nur die erlesenste Nahrung, für meine Unterhaltung war durch Musikantinnen und später durch Tänzerinnen gesorgt. Ich kämpfte in Turnieren. Es war ein Leben, in dem alle körperlichen Gelüste erfüllt wurden – aber es machte nicht wirklich glücklich. Letztlich lebte ich auf Kosten der Ausbeutung von Mensch und Tieren, ja, ich lebte sogar nur, weil meine Mutter starb. So war ich empfänglich für die Lehre, dass man den Körper besiegen muss, um den Geist zu befreien."

Sujata sah diesen wundersamen Mann fragend an. „Und jetzt glaubst du das nicht mehr?"

„Nein, Sujata, zwei Dinge haben mich entscheidend verändert. Letzte Woche, an dem Tag, als Du mich gefunden hast, war ich unten am Fluss, wollte Wasser schöpfen. Da kam ein Boot vorbei, in dem saß ein Vater mit seinem Sohn. Der Junge hatte eine Laute geschenkt bekommen und versuchte die Saiten zu spannen, um darauf zu spielen. Und ich hörte den Vater sagen: ´Nein, mein Sohn, nicht so fest anziehen, du wirst die Saiten noch zerreißen!´ Und kurz darauf sagte er: ´Aber nein, Kleiner, das ist viel zu locker, so wirst du nie einen vernünftigen Ton herausbringen, du darfst nicht von einem Extrem ins andere fallen, es ist der mittlere Weg, der zum Erfolg führt!´ Da war mir mit einem Male klar geworden, wie idiotisch ich mich verhalten hatte: Nachdem das Leben in Völlerei mich nicht glücklich gemacht hatte, versuchte ich es mit dem anderen Extrem, mit äußerst harter Askese. Dabei ist es so einfach, dass es Kinder schon beim Lautespielen erlernen können: nur der mittlere Pfad zwischen zwei Extremen kann zum Ziele führen.“

„Aha“, sagte Sujata, „ist das jetzt Weisheit?“

Da lachte Siddharta auf: „Es ist auf jeden Fall ein erster Schritt in Richtung Weisheit. Aber ich habe inzwischen noch etwas gelernt. Das Streben nach Weisheit, das ich bislang versuchte, ist auch ein Extrem, ist auch einseitig. Es muss etwas Zweites hinzukommen, erst dann ist man auf einem ausgewogenen Pfad. Die ganze Weisheit nutzt nichts, wenn sie nicht durch Mitgefühl ausgewogen ist. Ich wäre tot, wenn du nicht gekommen wärest und mit Mitgefühl gehandelt hättest. Dank dir und deinem Mitgefühl werde ich die Chance haben, den Durchbruch zu schaffen. Übermorgen ist Vollmond. Ich werde mich hier unter diesem Baum niederlassen und meditieren, bis ich die vollkommene Weisheit erlangt habe – und das vollkommene Mitgefühl. Und wenn es sieben Jahre dauern sollte.“

„Und ich weiß auch, was ich machen werde“, freute sich Sujata, „ich werde mindestens jeden zweiten Tag hierher kommen und etwas zu essen bringen – für die Baumgeister, versteht sich!“ Sie zwinkerte Siddharta zu.

„Gute Idee,“ sagte der, „ich glaube sicher zu wissen, dass Milchreis die Lieblingsspeise dieses Baumgeistes hier ist.“

Sie nickte: „Und ich weiß, dass der Baumgeist den Milchreis am liebsten mit Rosinen mag.“

Und so kam es, dass Siddharta Erleuchtung erlangte, aber nicht durch Askese und auch nicht dank der beiden größten Meditationsmeister seiner Zeit, nicht durch Uddakka Ramaputra und Alara Kalama, bei denen er zuvor studiert und meditiert hatte, sondern dank eines Fischers, der seinem Sohn eine Laute geschenkt hatte, und dank seiner wichtigen Lehrerin Sujata, einem Milchmädchen, ohne die niemand auf der Welt jemals etwas von Siddharta gehört hätte, der in der Vollmondnacht zum Buddha wurde.

Oder glaubt ihr etwa, in 1000 Jahren wüsste noch jemand, wer Angela Merkel war, Bill Gates oder Barack Obama – außer vielleicht einer Handvoll Professoren mit den Spezialgebiet 21. Jahrhundert?

Aber Sujata, die ein Milchmädchen mit Mitgefühl war, die ist noch heute, 2600 Jahre später, Millionen von Menschen bekannt. Ihr hat der Buddha in seinen Erzählungen ein großartiges Denkmal gesetzt. Und die buddhistische Tradition hat dieses große Mitgefühl dann wieder aufgegriffen und in eine archetypische Figur verdichtet, die Mahakaruna verkörpert, das ganz große Mitgefühl. Man nennt diese Figur „Die Grüne Tara".

Anmerkungen

Sujata, so ist überliefert, hat den Buddha nach seiner Askese Milchreis geliefert, sodass er wieder zu Kräften kam. Aus dem Pali-Kanon geht nicht hervor, ob das über einen längeren Zeitraum geschah, aber dass er nicht von einer einmaligen Speisung nach seiner langen Askese, bei der er nach eigenen Aussagen am Bauch seine Wirbelsäule ertasten konnte und seine Augen wie ein ausgetrockneter Brunnen tief in den Augenhöhlen lagen, kann als gesichert gelten.

Selbstverständlich ist die Kommunikation zwischen beiden nicht überliefert. Aber vermutlich wird Sujata Siddharta gefragt haben, warum er diese Askese auf sich genommen hat.

Verschiedene Autoren nehmen beim späteren Buddha einen Bezug auf den mit seiner Geburt verbundenen Tod seiner Mutter an, was psychologisch Sinn macht. Die in dieser Geschichte unterstellte Entbindung durch Kaiserschnitt ist eine nicht gesicherte Hypothese.

Dass es bereits im Altertum diesen operativen Eingriff gab, ist bekannt, auch dass er praktisch nur bei Herrscherfamilien vorkam, daher „Kaiser"schnitt. Für Siddhartas Geburt durch Kaiserschnitt spricht unter anderem die Tatsache, dass die buddhistische Tradition berichtet, der Prinz Siddharta sei nicht „auf natürlichem Wege" geboren worden, sondern sei seiner Mutter „aus der Seite entstiegen". Diese starb wenige Tage nach Siddhartas Geburt.

Auffällig ist auch, dass der Buddha, wann immer er vom Leiden sprach, damit begann, dass er sagte: „Geburt, Alter, Krankheit und Tod sind Leiden...". Wir denken bei Geburt nicht in erster Linie an Leiden und würden diese bei der Aufzählung leidvoller Situationen sicher nicht an erster Stelle nennen. Ich spekuliere daher, dass der junge Siddharta, seit er vom Zusammenhang seiner Geburt mit dem Tod seiner Mutter wusste, sich fragte, inwieweit er die Ursache ihres Todes war.

Möglicherweise kamen ihm Schuldgefühle, evtl. kam auch daher eine Abneigung gegen seinen Vater und die Staatsraison, die für diesen über alles ging. Man kann sich auch fragen, warum Siddhartas Mutter Maja kurz vor der Geburt mit einer Kutsche ins Nachbarland zu ihren Eltern aufbrach. Die miserablen Straßen im alten Indien und eine ungefederte Kutsche sind mit Sicherheit nicht gut für eine Hochschwangere. Möglicherweise war sie auf der Flucht vor Suddhodana, dem die Geburt eines Sohnes wichtiger war als das Leben seiner Frau, und der daher den damals oft für die Mutter tödlich verlaufende Geburt durch Kaiserschnitt wollte. Sollte es so gewesen sein, dann hätten die Häscher Suddhodanas die fliehende Maja unterwegs eingeholt, die Frau floh aus der Kutsche und hielt sich krampfhaft an einem Baum fest, während der herbeigeeilte Leibarzt des Königs den für die Mutter letztendlich tödlichen Kaiserschnitt durchführte.

Wäre ich auf diese Art damals geboren, hätte ich auch über den Kreislauf des Leidens aus „Geburt, Alter Krankheit und Tod" reflektiert, hätte nach einer Alternative gesucht und wäre früher oder später aus dem Hause Suddhodanas in die Hauslosigkeit geflohen, um nicht genauso zu werden wie der Vater.

Begriffserklärungen

Ahimsa – Gewaltlosigkeit, oberstes Prinzip des Handelns im Buddhismus, teilweise auch Einstellung im Hinduismus. Ahimsa war die Methode, die Gandhi bei seinem Freiheitskampf für Indien im 20. Jhd. einsetzte

Ajatasattu – König von *Maghada*, der den Thron usurpiert hat und seinen eigenen Vater –> *Bimbisara* im Kerker verhungern ließ

Almosengang – die besitzlosen Mönche gingen vormittags mit einer Bettelschale von Tür zu Tür, die Haushaber gaben ihnen als Almosen Nahrung in diese Schale, was für den Geber gutes *Karma* bedeutete.

Ananda – Freund, Gefährte, Neffe und Sekretär des Buddha

Angulimala – Das Wort heißt Fingerkranz. Benennung für einen bestimmten Terroristen zu Buddhas Zeiten, dieser wurde vom Buddha bekehrt. Auch Name eines eines späteren Mönches, der einen Rosenkranz aus den Fingergliedern verbrannter Leichen benutzte.

Arahat – Heiliger, vollkommen Erleuchteter

Aschenputtel – Märchenfigur, die niedrigste Dienste verrichten musste, dann jedoch von einem Prinzen gefreit wurde

Aufenthaltsbestimmungsrecht – Recht darüber zu bestimmen, wo sich ein Minderjähriger oder Mündel aufhält. Heute üben das A. in Deutschland beide Eltern gemeinsam aus, wenn das Gericht (auf Antrag) nicht etwas anderes bestimmt.

Bedingtes Entstehen – zentrale buddh. Lehre: alles (in *Samsara*) entsteht in Abhängigkeit von Bedingungen. Entfallen diese Bedingungen, so erlischt das Produkt der Bedingungen.

Bimbisara – König von *Maghada*, Anhänger und Freund des Buddha, wurde von seinem Sohn *Ajatasattu* ermordet

Bodh-Gaya – Stelle, an der der Buddha seine Erleuchtung erreichte. Das Wort ist zusammengesetzt aus bodh (Erwachen, Erleuchtung) und Gaya (Name der nahegelegenen Stadt)

Bodhi – siehe *Erwachen*

Bodhi-Baum - Baum, unter dem der Buddha saß, als er „erwachte", also zur Zeit seiner Erleuchtung

Bodhisattva – Figur im Mahayana-Buddhismus. Bodisattvas sind Wesen, die Erleuchtung nicht nur für sich selbst anstreben, sondern zum Wohl aller Wesen.

Brahma – einer der Hauptgötter des Hinduismus, er gilt dort als der Schöpfer. Der Buddhismus kennt keinen Schöpfergott.

Brahmanen – eine der *Kasten* im Hinduismus, nur Brahmanen dürfen religiöse Rituale vollziehen

Brahmanismus – indische Religion, die (u.a.) einen Brahman (Gott) verehren, heute als Hinduismus bezeichnet

Buddha – wörtlich: Erwachter, einer der das Ziel des Buddhismus erreicht hat und damit befreit ist von den Fesseln des Ichglaubens

Determinismus – Weltanschauung, die davon ausgeht, dass alles vorbestimmt sei

Devas – „Götter" im Hinduismus und Buddhismus, etwa vergleichbar mit den Engeln im Judentum, Christentum und Islam

Devadatta – Neffe des Buddha. Devadatta wurde Mönch und später Konkurrent des Buddha. Ihm kommt im *Palikanon* die Rolle des Bösewichtes innerhalb der *Sangha* zu.

Dharma – hier gewöhnlich die Bezeichnung für die Lehren des Buddha. Das Wort bedeutet Wahrheit, (Natur)Gesetz

Einmalwiederkehr – zweite Stufe der Heiligkeit, ein Einmalwiederkehrer. Er/sie hat den Persönlichkeitsglauben überwunden, führt keine sinnentleerten Rituale aus und zweifelt nicht mehr am *Dharma*. Außerdem hat er Gier und Hass in ihren gröberen Formen überwunden. Der Name bedeutet, dass er nur noch einmal wiedergeboren wird.

Erhabener – Anrede für den Buddha, wird nur von seinen Anhängern verwendet. In anderen östlichen Religionen teilweise auch Anrede für den Religionsstifter oder *Guru*.

Erleuchtung – Im Buddhismus das Ziel spirituellen Strebens. Ein erleuchtetes Wesen sieht die Welt völlig unverblendet, das heißt, es hat den Dualismus (aus Subjekt und Objekt) überwunden, was bedeutet, dass es sich als nicht von der Umwelt getrennt sieht, der Glaube an ein „ich" oder „Selbst" überwunden ist. Dies ist keine rein intellektuelle Erkenntnis, sondern spiegelt sich im Denken, Fühlen und Handeln des/der Erleuchteten. In anderen Religionen wird Erleuchtung anders gesehen.

Erwachen - Im Buddhismus gleichbedeutend mit *Erleuchtung*

Gerichtsherr – Oberster Richter im Kleinstaat **Shakya**, war der Raja, das Staatsoberhaupt, zur Zeit da diese Geschichte spielt also Suddhodana.

Götter - *devas*

Gotama – (Nach)Name des Buddha. Personen, die den Buddha mit „Herr Gotama" anreden, sind keine Anhänger des Buddha, diese würden „Erhabener" sagen

Groupie - ein weiblicher Fan, der seine Aufmerksamkeit einem Idol widmet, oft auch in sexueller Hinsicht.

Guru – spiritueller Lehrer und/oder Anführer

Hauslosigkeit – Lebensweise von (nicht nur) buddhistischen Mönchen und Nonnen, die als Obdachlose leben

himmliches Auge – beschreibt eine Eigenschaft eines spirituellen Meisters, die ihn zum Hellsehen befähigt, also das zu sehen, was an einem anderen Ort (oder auch zu einer anderen Zeit) geschieht.

Jainismus – indische Minderheitenreligion ? *Mahavira*

Hindu - Anhänger des *Hinduismus*

Hinduismus – Mehrheitsreligion in Indien schon zu Zeiten des Buddha und bis heute

Kapilavattu – Hauptstadt von *Shakya*, hier lebte der spätere Buddha in seiner Jugend

Karma – im Buddhismus jede absichtlich ausgeführte Handlung. Es wird davon ausgegangen, dass Handlungen Folgen haben, die (auch) auf den Verursacher zurückwirken. Im *Hinduismus* hingegen wird davon ausgegangen, dass es karmisch heilsam sei, sich an die Regeln und Beschränkungen seiner *Kaste* zu halen und die *Brahmanen* (bezahlte) Opfer für einen bringen zu lassen.

Kassapa – Name von mehreren Mönchen, der wichtigste unter ihnen wird meist als *Mahakassapa* (Kassapa der Große) bezeichnet

Kaste – die indische Gesellschaft wird gemäß der hinduistischen Religion in streng voneinander abgetrennte Kasten eingeteilt, die wichtigsten Kasten sind die Brahmanen (Priester), der Adel (Krieger, Beamte) und die Kaufmannskaste

Kurtisane - Die Bezeichnung für eine in adligen oder hochbürger-lichen Kreisen für Liebesdienste zur Verfügung stehende Frau stammt, wie der Name sagt, ursprünglich aus dem höfischen Bereich (frz: court) - *Quelle: Wikipedia*

Licchavi – kleine Adelsrepublik im Nordosten Indiens, im heutigen Bundesstaat Bihar. Das Land wird 468 v.u.Z. von *Ajatasattu* erobert und zum Teil *Maghadas*

Maghada – Staat im Norden Indiens z. Z. des Buddha. M. war etwa so groß wie Hessen und stand in Konkurrenz zum Nachbarstaat Kosala.

Mahakassapa – einer der Erleuchteten, Leiter des ersten buddh. Konzils nach Buddhas Tod, galt daraufhin als informeller Leiter der Sangha

Mahaprajapati Gotami – Nebenfrau des Königs Suddhodana, Tante und Amme des späteren Buddha

Mahavira - wörtl.: „großer Held" gilt vielen als der Begründer der indischen Religion *Jainismus*, die etwa zeitgleich mit dem Buddhismus entstanden ist. Die Lehre des Jainismus existiert in Indien bis auf den heutigen Tag; außerhalb des Subkontinents konnte sie jedoch – im Gegensatz zur Lehre Buddhas – nie nennenswert Fuß fassen. (Quelle: Wikipedia)

Metta – eine sehr positive Emotion: Wohlwollen, Zuneigung, (nichterotische) Liebe, oft als „liebende Güte" übersetzt. Mitunter wird sie auch als „Allgüte" bezeichnet, denn Metta soll allen Wesen in gleicher Weise entgegen gebracht werden. Es ist das, was beispielsweise Jesus meint, wenn er sagt, man solle nicht nur seinen Nächsten lieben wie sich selbst, sondern sogar seinen Feind

Moggalana – einer der beiden Hauptjünger des Buddha (neben *Sariputta*), war für seine übernatürlichen Fähigkeiten bekannt

Nanda – Neffe des Buddha und späterer Mönch.

Nirwana – Ziel des Buddhismus, das Wort bedeutet „verwehen" oder Nicht-Wahn

Nymphen – weibliche Gottheiten niederen Ranges in der griechischen Mythologie

Palikanon – älteste Schriftensammlung des Buddhismus, hier sind u.a. die Lehrreden des Buddha enthalten, dem diese Geschichten entstammen

Parinibbana – Tod eines Erleuchteten. Mit der Erleuchtung hatte dieser Nirwana (pali: nibbana) verwirklicht, er war dem Kreislauf aus Geburt und Wiedertod entronnen. Da er jedoch noch einen Körper hatte, muss er noch einmal sterben, geht dann aber keiner neuen Geburt mehr entgegen. Diesen letzten Tod nennt man p.

Pasenadi – *Raja* von *Kosala*, einem Staat im Norden Indiens zur Zeit des Buddha. Kosala war etwa so groß wie Hessen. Pasenadi war Anhänger des Buddha.

Pilaw – orientalisches Reisgericht

Rahula – Sohn des Buddha. Möglicherweise war es so, dass die Familie *Siddharthas* sagte, dass dieser erst einen Stammhalter zeugen musste, bevor er zum Mönch wurde. Ab der Geburt des Sohnes wollte man nach dieser Theorie *Siddhartha* davon abhalten, Mönch zu werden, da er nun einen Sohn habe. Dies würde erklären, warum Siddhartha seinen Sohn „Rahula" nannte, denn Rahula heißt „Fessel".

Rajagaha – Hauptstadt von *Maghada*

Raja – Herrscher, mitunter als „König" übersetzt. Die Rajas von *Shakya* wurden vom Adel gewählt.

Sadhu – wörtlich „Heiliger", Bezeichnung für spirituelle Sucher, die häufig obdachlos sind, Sadhus gab es schon zu Buddhas Zeiten in Indien, aber auch heute noch. Der Ausruf „Sadhu-sadhu-sadhu!" wird in buddh. Kreisen als feierlich-freudiger Ausruf verwendet.

Samsara – alles, was nicht Nirwana ist

Sangha – spirituelle Gemeinschaft, hier besonders für die Gemeinschaft der Schülerinnen und Schüler des Buddha. Zur Sangha in engeren Sinn gehören nur Mönche und Nonnen, zur Sangha im engsten Sinn nur Erleuchtete

Sariputta – einer der beiden Hauptjünger des Buddha (der andere war dessen Freund *Moggalana*), er wird auch „Marschall der Lehre" genannt, weil er die Novizen in den Lehren des Buddha unterrichtete, diese lernten die Lehrreden des Buddha auswendig. Möglicherweise gehen mnemotech-nische Hilfsmittel (wie die immergleichen Wiederholungen) auf Sariputta zurück.

Savatti – Hauptstadt von *Kosala.* Der Kaufmann Anathapindika hatte hier einen Park mit einem Kloster gestiftet, wo der Buddha insgesamt 19 Male die Regenzeit verbrachte.

sophistisch - Die Sophisten bildeten weder eine geschlossene philosophische Strömung, noch gab es sophistische Schulen. Sie hatten eine aufgeklärte Haltung zur Religion. Sie gingen davon aus, dass nicht die Götter das menschliche Schicksal lenken, ohne deren Existenz zu bestreiten. (*Quelle: Wikipedia)*

Stromeintritt – So etwas wie die erste Stufe der Heiligkeit im Buddhismus, die weiteren Stufen sind Einmalwiederkehr, Nichtwiederkehr und *Arahat*schaft (vollständige Heiligkeit, Erleuchtung). Stromeingetretene können nie wieder hinter diesen Zustand zurückfallen, sind also der baldigen Erleuchtung (spätestens nach sieben Leben, so heißt es) sicher.

Schwarze Kunst - auch Schwarze Magie, eine Methode, nach der durch Zauberkräfte anderen Wesen geschadet wird. Eine heutige Variante davon ist Voodoo.

Shayka – kleine Adelsrepublik in Nordostindien, in der der spätere Buddha geboren wurde

Siddharta – (Vor)Name des späteren Buddha (=Siegfried)

Sramanera – sozialer Aussteiger im alten Indien, der als religiöser Sucher in der Hauslosigkeit lebt

Suddhodana – Vater des Buddha, Raja von Shakya

Triratna – buddh. Gemeinschaft, die Sangharakshita 1967 in London gründete. Triratna heißt wörtlich „Drei Juwelen", eine traditionelle Bezeichnung für *Buddha, Dharma* und *Sangha*.

Veden – heilige Schriftem des Hinduismus

Vesali – bedeutende Stadt im heutigen indischen Bundesstatt Bihar, z. Z. des Buddha Hauptstadt von *Licchavi*. 386 v. Chr. Wurde hier das 2. buddh. Konzil abgehalten. In Vesali gründete Buddha auch den Nonnenorden. 1958 wurden hier Reliquien entdeckt, die möglicherweise vom Buddha stammen, ein Teil von dessen sterblichen Überresten war nämlich unmittelbar nach seinem Tode nach Vesali gegeben worden und galt als verschollen..

Yasodara – Ehefrau des Prinzen *Siddharta* und Mutter des *Rahula*

Vier Große Könige – Herrscher eines der Himmel, der Götter-Reiche, im altindischen Glauben

Wiedergeburt – in Hinduismus reinkarniert sich die Seele nach dem Tode neu. Der Buddhismus kennt weder eine Seele noch ein Selbst, sondern nur Prozesse. Karmisch unvollkommene Prozesse, d.h. solche die mit Gier, Hass und Verblendung kontaminiert sind, führen zu einem Wiederentstehen. Gewohnheiten und Verhaltensmuster bestehen so weiter, auch über den Tod einer Person hinaus.

Buddhistische Geschichten

von Horst Gunkel im Internet unter:

www.gelnhausen-meditation.de

Weitere Geschichten in Buchform

Der vorliegende Band „Buddhas Sohn Rahula" ist der erste einer geplanten Reihe „Gelnhäuser buddhistische Erzählungen", er enthält siebzehn Geschichten aus dem Pali-Kanon.

In Vorbereitung sind weitere Bände, derzeit geplant sind

- Geschichten aus dem Mahayana-Buddhismus

- Lehrreden aus dem Pali-Kanon

- Buddhistische Geschichten aus der Gegenwart

Ob und wann neue Geschichten in Buchform erscheinen, wird rechtzeitig auf der Internetseite www.kommundsieh.de mitgeteilt.